FINAL TEST for the
TOEFL PRIMARY®

Step 2

Contents

Introduction to the TOEFL Primary® Test	4
Actual Test 1	9
Actual Test 2	47
Actual Test 3	85
Answer Key	별책

Introduction to the TOEFL Primary® Test

■ About TOEFL Primary®

TOEFL Primary®는 미국 ETS(Educational Testing Service)에서 개발한 영어학습 입문 단계의 글로벌 영어 인증 시험입니다. 영어를 모국어로 사용하지 않는 나라의 어린 학습자들을 대상으로 전반적인 영어 능력을 측정합니다.

TOEFL Primary®는 PBT(Paper Based Tests) 방식의 TOEFL Primary® Reading and Listening Test – Step 1 & Step 2와 iBT(internet Based Tests) 방식의 TOEFL Primary® Speaking Test가 있습니다.

■ Test Options

- **TOEFL Primary® Reading and Listening Test – Step 1**
  - 영어를 시작하는 초기 단계의 학습자 대상
  - 익숙한 환경(학교, 집, 운동장 등)에서 발생하는 일상생활과 밀접한 주제
  - 친숙한 인물 또는 사물과 관련된 기초 어휘와 표현
  - 일상생활에 필요한 간단한 지시문 및 학습 관련 짧은 지문 이해

- **TOEFL Primary® Reading and Listening Test – Step 2**
  - 영어 의사소통 능력이 발달되고 있는 중급 단계의 학습자 대상
  - 일상생활의 범위를 넘어선 주제와 관련된 짧은 스토리와 대화 내용 이해
  - 기본적인 표현, 요구사항, 지시사항
  - 교과 기반의 지문 이해

- **TOEFL Primary® Speaking Test**
  - 일상생활과 관련된 상황에서 필요한 의사소통을 하기 위한 말하기 능력 평가
  - 기본적인 감정과 의견 표현
  - 간단한 요청 또는 지시사항 표현
  - 사람, 사물, 동물, 장소, 활동 묘사
  - 간단한 사건을 시간 순서대로 설명

■ Test Structure

TOEFL Primary® Reading and Listening Test – Step 1

영역	문항 수	샘플 문항 수	총 문항 수	시험 시간	점수	등급
Reading	36	3	39	30분	100~109	1-4 등급 (☆로 표시)
Listening	36	5	41	30분	100~109	
Total	72	8	80	60분	200~218	

TOEFL Primary® Reading and Listening Test – Step 2

영역	문항 수	샘플 문항 수	총 문항 수	시험 시간	점수	등급
Reading	36	1	37	30분	100~115	1-5 등급 (🎖로 표시)
Listening	36	3	39	35분	100~115	
Total	72	4	76	65분	200~230	

TOEFL Primary® Speaking Test

영역	문항 수	시험 시간	점수	등급
Speaking	7~10	20분	1~27	1-5 등급 (🎖로 표시)

※ TOEFL Primary 공식 웹사이트: http://www.toeflyss.or.kr

■ Question Types

FINAL TEST for the *TOEFL PRIMARY*® Step 2 – Reading

Part 1

2~3개의 문장으로 이루어진 짧은 설명과 세 개의 보기가 주어집니다. 설명에 해당하는 답을 고릅니다.

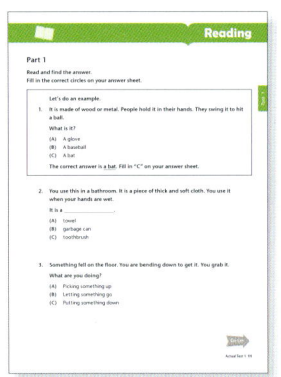

Part 2

이 파트에서는 두 종류의 글이 주어집니다. 첫 번째 글은 포스터, 일정, 메뉴, 지시문 등에 관한 것입니다. 주어진 글을 읽고 3~4개의 관련 질문에 답합니다.

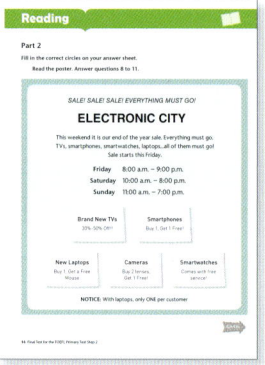

Part 2

두 번째 글은 이메일, 편지, 이야기, 그리고 교과 관련 지문입니다. 주어진 글을 읽고 글의 요지 또는 세부사항 관련 질문 2~4개에 답합니다.

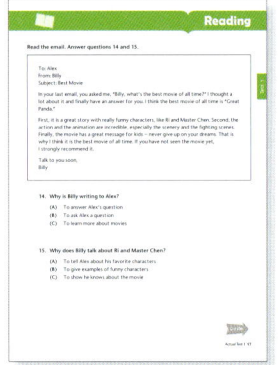  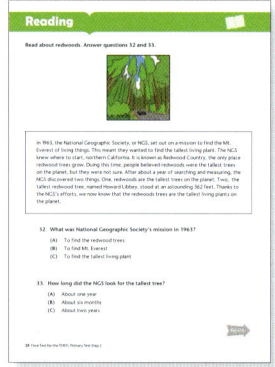

FINAL TEST for the *TOEFL PRIMARY*® Step 2 – Listening

Part 1

세 개의 그림 보기가 주어지며, 들리는 지시사항을 가장 잘 따르거나 표현한 답을 고릅니다.

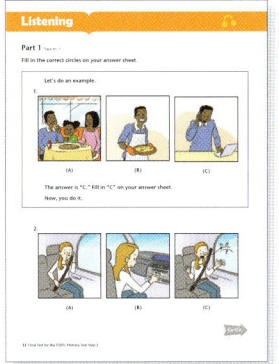

Part 2

두 사람의 대화를 들은 후, 대화에서 언급된 내용에 대한 질문에 답합니다.

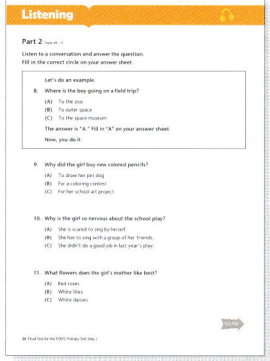

Part 3

전화 메시지를 들은 후, 전화를 건 목적이나 메시지에서 언급된 세부사항에 대한 질문에 답합니다.

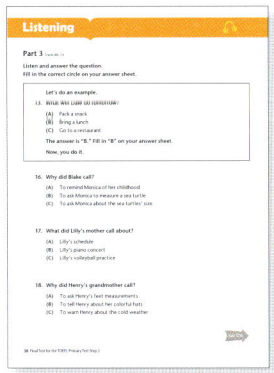

Part 4

이야기나 교과 관련 지문을 듣고, 글의 요지 또는 세부사항 관련 3~4개의 질문에 답합니다.

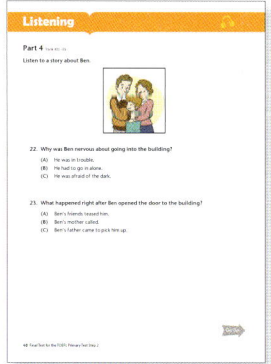

Introduction to the TOEFL Primary Test

Actual Test 1

No test questions on this page

Reading

Part 1

Read and find the answer.
Fill in the correct circles on your answer sheet.

Let's do an example.

1. It is a creature from another world in stories. It flies in a spaceship and comes down from the sky. It looks different than you and speaks a new language.

   It is an _____.

   (A)   alarm
   (B)   elite
   (C)   alien

   The correct answer is <u>alien</u>. Fill in "C" on your answer sheet.

---

2. People are working and building things. Some people are building cars and others are using fire to make metal parts. There is smoke in the air.

   The people are working in a _____.

   (A)   factory
   (B)   faculty
   (C)   failure

3. In the autumn, it gets cooler outside. The leaves change their colors to red and yellow. You can see lots of leaves on the street.

   They _____ the trees.

   (A)   fall off
   (B)   stay on
   (C)   grow on

Reading

4. You are looking for something. You cannot find it. You get on a boat and search all over the world. You use a map.

   You are _____.

   (A) exploring
   (B) boasting
   (C) stretching

5. You cannot hear your friend. Your friend opens his mouth wider. Your friend will say it again or say it louder.

   Your friend will _____.

   (A) pour
   (B) shout
   (C) nod

6. Your brother says something mean at dinner. Your brother does not follow the rules. Your parents are mad at your brother.

   Your brother is _____.

   (A) rude
   (B) shy
   (C) rugged

7. You like art class. You can draw and paint well. You have a lot of imagination and new ideas. You write songs when you are alone.

   You are _____.

   (A) creepy
   (B) critical
   (C) creative

Reading

Reading

Part 2

Fill in the correct circles on your answer sheet.

Read the poster. Answer questions 8 to 11.

SALE! SALE! SALE! EVERYTHING MUST GO!

ELECTRONIC CITY

This weekend it is our end of the year sale. Everything must go. TVs, smartphones, smartwatches, laptops...all of them must go! Sale starts this Friday.

Friday	8:00 a.m. – 9:00 p.m.
Saturday	10:00 a.m. – 8:00 p.m.
Sunday	11:00 a.m. – 7:00 p.m.

Brand New TVs
30%-50% Off!!

Smartphones
Buy 1, Get 1 Free!

New Laptops
Buy 1, Get a Free Mouse

Cameras
Buy 2 lenses, Get 1 Free!

Smartwatches
Comes with free service!

NOTICE: With laptops, only ONE per customer

Reading

8. Which item is "buy 1, get 1 free"?

    (A) New laptops
    (B) Camera lenses
    (C) Smartphones

9. When does the sale start?

    (A) Friday
    (B) Saturday
    (C) Sunday

10. When does the store close on Saturday?

    (A) 7:00 p.m.
    (B) 8:00 p.m.
    (C) 9:00 p.m.

11. Which one can a customer buy only one of?

    (A) Brand new TVs
    (B) Laptops
    (C) Smartwatches

Reading

Read the email. Answer questions 12 and 13.

To: Grandma
From: Jenny
Subject: Summer Trip

How are you doing? I cannot wait to visit you this summer in Toronto and spend time with you. Do you think this time we can visit the CN Tower? I heard it is tall and has great views of the city. Also, I want to go to a Blue Birds baseball game. Do you like baseball? I do not really like baseball, but I heard the games are fun. Can we go to the Toronto Zoo? I read on the internet that the zoo has tigers, lions and leopards. I am so excited, but most excited to spend time with you.

Lots of Love,
Jenny

12. Why does Jenny want to go to a baseball game?

   (A) She thinks baseball is great.
   (B) She heard the games are fun.
   (C) She really likes the Blue Birds.

13. What is Jenny the most excited about?

   (A) To visit the Toronto Zoo
   (B) To go to the CN Tower
   (C) To spend time with grandma

Reading

Read the email. Answer questions 14 and 15.

To: Alex
From: Billy
Subject: Best Movie

In your last email, you asked me, "Billy, what's the best movie of all time?" I thought a lot about it and finally have an answer for you. I think the best movie of all time is *Great Panda*.

First, it is a great story with really funny characters, like Ri and Master Chen. Second, the action and the animation are incredible, especially the scenery and the fighting scenes. Finally, the movie has a great message for kids — never give up on your dreams. That is why I think it is the best movie of all time. If you have not seen the movie yet, I strongly recommend it.

Talk to you soon,
Billy

14. Why is Billy writing to Alex?

   (A) To answer Alex's question
   (B) To ask Alex a question
   (C) To learn more about movies

15. Why does Billy talk about Ri and Master Chen?

   (A) To tell Alex about his favorite characters
   (B) To give examples of funny characters
   (C) To show he knows about the movie

Reading

Read the letter. Answer questions 16 and 17.

Dear Uncle Carey,

Today my dad told me that you are leaving Boston and moving to Phoenix. He said you are moving there for a new job opportunity. I wanted to write you to say good luck and that we are going to miss you. I know we will keep in touch, and I will be able to visit a lot, especially in the summer. Before you leave, let's have a party to celebrate your new adventure. We can go to your favorite restaurant, the Italian one on Main Street. I will ask mom and dad to make a reservation and then I will let you know the date and time. Also, if you need any help packing up your stuff or moving it, please let me know.

See you soon,
Franky

16. When does Franky want to have a party?

    (A) Before Uncle Carey leaves
    (B) After Uncle Carey leaves
    (C) When he visits Uncle Carey

17. Why does Franky talk about Main Street?

    (A) It is where Uncle Carey's new house is in Phoenix.
    (B) It is where his family lives now in Boston.
    (C) It is where Uncle Carey's favorite restaurant is.

Reading

Reading

Read the instructions. Answer questions 18 to 20.

Using Chicago's L Train

Welcome to Chicago, the windy city. Chicago has a lot to see, from Millennium Park to the Willis Tower. A great way to see Chicago and its attractions is to use the L train. It is called the L train in Chicago because "L" stands for elevated. Some parts of the L train run above ground on elevated tracks. It is very easy to use, and here is how:

1. **Plan your trip**: Before getting to the train station, make sure you know where you are going. Look at a map to find what station you are closest to. Also, find what station you need to travel to.

2. **Buy your fare**: When you know which station you need to go, you are ready to buy your fare. To buy a single ticket, use the vending machine.

3. **Use the vending machine**: Select what station you are going to, then put your money in. You will get a single-use ticket. The machine accepts cash only.

4. **Enter the gate**: When you get to the gate, put your ticket into the slot. Make sure you save your ticket. You will need it again when you reach your final station to exit.

Now, you are ready to go. Chicago has 8 train lines that will take you to all parts of the city. Have a wonderful time and make sure to take lots of pictures!

Reading

18. Why is the train called the "L Train"?

    (A) Because it is in the windy city
    (B) Because it is an elevated train
    (C) Because it is a long train

19. Why do you need to keep your ticket after you enter the gate?

    (A) You need it for a picture.
    (B) You need it to pay the fare.
    (C) You need it to exit the station.

20. What do you do after you select your station to buy the ticket?

    (A) Enter through the gate
    (B) Put your money into the machine
    (C) Put your ticket into the slot

Reading

Read the instructions. Answer questions 21 to 23.

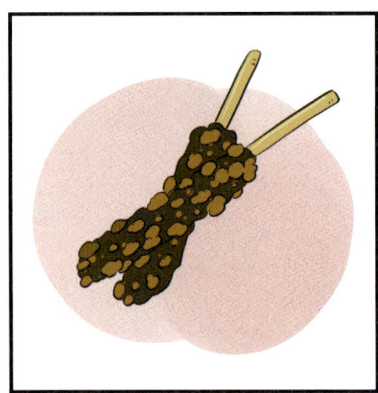

Snack Time!

For a lot of people, the best time of the day is snack time. You get to sit down, relax, and enjoy your favorite snack. Today, you are going to learn how to make crunchy granola pretzel sticks. It is very delicious and easy to make. Are you ready?

What you will need:
- 1 package of dark chocolate chips
- 24 pretzel rods
- 1 cup of granola

Directions:
1. Place chocolate chips in a glass measuring cup.
2. Put the measuring cup in the microwave for 15-20 seconds.
3. Take the measuring cup out. Be careful before touching the cup because it might be a little hot.
4. Stir the chocolate until it is smooth.
5. Pour the melted chocolate onto one side of a large shallow dish, while leaving the other side empty.
6. Roll the pretzel in the chocolate, but only two thirds of the pretzel should have chocolate on it.
7. Let the chocolate drip off. Then sprinkle the granola onto the pretzels.
8. Place the pretzels on wax paper and let them cool for about 5 minutes.

Now when the next snack time comes around, you will be ready with this easy-to-make snack. If you do not want to wait for snack time, then you could make it as a nice present for a friend or sibling or to even share with your classmates.

Reading

21. What goes into the glass measuring cup at first?

    (A) The pretzels
    (B) The granola
    (C) The chocolate chips

22. Where should you pour the melted chocolate?

    (A) On one side of a shallow dish
    (B) Back into the measuring cup
    (C) Onto the pretzels

23. Why should you put the pretzels on the wax paper?

    (A) To let the chocolate drip off
    (B) To let them cool
    (C) To sprinkle on the granola

Reading

Read a story about Sam and Hannah. Answer questions 24 to 27.

"Hey Sam, how are you feeling that summer camp is coming to an end?" asked Hannah.

"I have mixed emotions. I am excited to see my parents and friends again, and my dog. But, I am sad to be leaving. I have really loved camp this summer. I am glad I got to meet you, Hannah," responded Sam.

"Yeah, I feel the same. What was your favorite part of camp this summer?" asked Hannah.

Sam and Hannah are a part of a summer camp called Adventure Camp. Each summer, the camp goes to a different national park and spends the summer there. The campers learn about the park, about the history, and different outdoor activities. This year the camp was in Yellowstone National Park in Wyoming.

"My favorite part was learning how to rock climb. That is something I never thought I would be able to do. What about you?" said Sam.

"I loved learning more about Yellowstone National Park. What an incredible place! We were able to see geysers, bison, wolves, and beautiful natural springs," Hannah said with excitement.

"I should get my stuff packed up before my parents arrive. Let's keep in touch over social media. I will see you next year!" said Sam.

"Yes, we will keep in touch. I will see you next summer at camp. I was told we are going to Grand Canyon National Park in Arizona. I can't wait," responded Hannah as she walked away waving good bye to her new friend.

24. What is the story about?

    (A) Sam and Hannah's camp experience
    (B) Yellowstone National Park
    (C) Sam and Hannah's long friendship

25. What was Sam's favorite part of camp?

    (A) Learning about Yellowstone National Park
    (B) Making new friends at camp
    (C) Learning how to rock climb

Reading

26. How will Hannah and Sam keep in touch?

    (A) Over the phone
    (B) Through social media
    (C) By writing letters

27. Where will next summer's Adventure Camp be?

    (A) Yellowstone National Park
    (B) Wyoming
    (C) Arizona

Reading

Read a story about Adam and Ken. Answer questions 28 to 31.

"Adam, did you see Roger Federer's match last night in the Australian Open?" Ken excitedly asked. Ken and Adam are big tennis fans. Ken loves Federer, but Adam likes Rafael Nadal. They often talk about tennis and then decide to go out and play tennis.

"Yes, I did and he played great. But, so did Nadal. I think they are going to play in the finals," Adam replied.

A lot of people believe Federer and Nadal are the two greatest tennis players of all time. The term for this is the GOAT, which stands for Greatest of All Time. Adam and Ken argue about this constantly.

"If they play, Federer is going to win again. You are scared. I know you are!" Ken said teasing Adam.

"All right, that is it. Let's go play," Adam impatiently said. When the argument got too heated, Adam would always end up challenging Ken to a match.

"You want to play, now? I have homework, and it is almost dark," Ken replied.

"You are scared. I understand. We can play later when you are not scared," said Adam. He was now teasing Ken. Ken does not like being teased by Adam, especially about tennis. Ken decided he could do his homework after tennis. There was a tennis court nearby that has lights.

"Are you ready to lose, Adam?" joked Ken as they began to play. Ken is a great server and Adam is very fast. It is always a very even match up.

A couple hours later, they finished playing. Ken against Adam, like Federer against Nadal. But with friends, it does not matter who won or lost. What was important was that they both had fun.

Reading

28. What is the story about?

    (A) Adam and Ken playing a tennis match
    (B) Adam and Ken watching a tennis match
    (C) Adam and Ken meeting famous tennis players

29. Who does Ken think is the GOAT of tennis?

    (A) Himself
    (B) Rafael Nadal
    (C) Roger Federer

30. At first, why did Ken NOT want to play tennis?

    (A) He was too tired.
    (B) He had homework to do.
    (C) He wanted to watch Federer.

31. Who is a great server?

    (A) Adam
    (B) Ken
    (C) Nadal

Reading

Read about redwoods. Answer questions 32 and 33.

In 1963, the National Geographic Society, or NGS, set out on a mission to find the Mt. Everest of living things. This meant they wanted to find the tallest living plant. The NGS knew where to start, northern California. It is known as Redwood Country, the only place redwood trees grow. During this time, people believed redwoods were the tallest trees on the planet, but they were not sure. After about a year of searching and measuring, the NGS discovered two things. One, redwoods are the tallest trees on the planet. Two, the tallest redwood tree, named Howard Libbey, stood at an astounding 362 feet. Thanks to the NGS's efforts, we now know that the redwood trees are the tallest living plants on the planet.

32. What was National Geographic Society's mission in 1963?

   (A) To find the redwood trees
   (B) To find Mt. Everest
   (C) To find the tallest living plant

33. How long did the NGS look for the tallest tree?

   (A) About one year
   (B) About six months
   (C) About two years

Reading

Read about Harriet Tubman. Answer questions 34 and 35.

Harriet Tubman was born a slave in Maryland in the 19th century. During this time period, slavery was still common in the southern US states. However, it was illegal in northern states. So, slaves would try to run away from their horrible lives in the South to reach freedom in the North. In 1849, Harriet Tubman decided to run away. This was very dangerous, so Ms. Tubman was lucky when she found the Underground Railroad. This was not an actual railroad, but a system of safe homes for slaves who ran away to hide in. Thanks to the Underground Railroad, Harriet Tubman was able to safely reach the North and find her freedom. Ms. Tubman then knew she needed to help others find their freedom. She became a part of the Underground Railroad and helped over 300 slaves escape. Ms. Tubman was born into slavery, but chose to die free and be a true hero.

34. Why did slaves want to go to the North?

    (A) To use the Underground Railroad
    (B) To find better work to do
    (C) To find freedom from slavery

35. What did Ms. Tubman do after she found freedom?

    (A) She started the Underground Railroad.
    (B) She helped hundreds of slaves escape.
    (C) She reached the North and found slavery.

Reading

Read about a light year. Answer questions 36 and 37.

Space is huge and the objects within it, planets and suns, are very far apart. Therefore, when measuring distances between objects in space, scientists cannot use the same measurements we use here on Earth, such as inches, feet, or miles. They need to use a much larger type of measurement. The measurement they use is called a light year, which is the distance light can travel in one year. Light can travel 300,000 kilometers in one second. In a year, it can travel 10 trillion kilometers. If an object is 10 trillion kilometers away from us, we can just say it is one light year away. To understand how it is used, and to see how huge space is, let's look at an example. Our solar system's nearest star is Alpha Centauri. It would take light from planet Earth 4.3 years to reach this star, so it is 4.3 light years away. It would take our fastest rocket about 81,000 years to reach this star. Another example is our galaxy. We live in the Milky Way galaxy and from the end of it to the other is about 200,000 light years.

Reading

36. Based on the passage, what is a light year?

   (A) The distance light can travel in one year
   (B) The distance light can travel to other objects
   (C) The distance light can travel in space

37. Why was Alpha Centauri talked about in the passage?

   (A) To show how huge objects in space are
   (B) To discuss how stars travel in space
   (C) To give an example using light years

You finished the reading test.

Do not mark questions 38 and 39.

Listening

Part 1 Actual Test 1 #01~07

Fill in the correct circles on your answer sheet.

Let's do an example.

1.

(A)   (B)   (C)

The answer is "C." Fill in "C" on your answer sheet.

Now, you do it.

2.

(A)   (B)   (C)

Listening

3.

(A)   (B)   (C)

4.

(A)   (B)   (C)

5.

(A)   (B)   (C)

Listening

6.

(A)   (B)   (C)

7.

(A)   (B)   (C)

Listening

Part 2   Actual Test 1 #08~14

Listen to a conversation and answer the question.
Fill in the correct circle on your answer sheet.

Let's do an example.

8. Where is the boy going on a field trip?

   (A)   To the zoo
   (B)   To the science museum
   (C)   To the space museum

The answer is "A." Fill in "A" on your answer sheet.

Now, you do it.

---

9. Why did the girl buy new colored pencils?

   (A)   To draw her pet dog
   (B)   For a coloring contest
   (C)   For her school art project

10. Why is the girl so nervous about the school play?

    (A)   She is scared to sing by herself.
    (B)   She has to sing with a group of her friends.
    (C)   She did not do a good job in last year's play.

11. What flowers does the girl's mother like best?

    (A)   Red roses
    (B)   White lilies
    (C)   White daisies

Go On

36   FINAL TEST for the TOEFL PRIMARY Step 2

Listening

12. What does the teacher want the boy to do?

    (A) Let her read the book
    (B) Tell her his favorite book
    (C) Learn about the rainforest

13. What movie will the girl see?

    (A) Batman
    (B) The Lion King
    (C) The Little Mermaid

14. What will the boy do first?

    (A) Make an account
    (B) Finish his English paper
    (C) Search for a book on the computer

Listening

Part 3   Actual Test 1 #15~21

Listen and answer the question.
Fill in the correct circle on your answer sheet.

Let's do an example.

15. What will Dale do tomorrow?

   (A) Pack a snack
   (B) Bring a lunch
   (C) Go to a restaurant

The answer is "B." Fill in "B" on your answer sheet.

Now, you do it.

---

16. Why did Blake call?

   (A) To remind Monica of her childhood
   (B) To ask Monica to measure a sea turtle
   (C) To ask Monica about the sea turtles' size

17. What did Lilly's mother call about?

   (A) Lilly's schedule
   (B) Lilly's piano concert
   (C) Lilly's volleyball practice

18. Why did Henry's grandmother call?

   (A) To ask Henry's feet measurements
   (B) To tell Henry about her colorful hats
   (C) To warn Henry about the cold weather

Go On

38 FINAL TEST for the TOEFL PRIMARY Step 2

Listening

19. Why did the clothing store worker call?

    (A) To tell Peggy the yellow dress went on sale
    (B) To tell Peggy there are no more yellow dresses left
    (C) To tell Peggy they have the yellow dress in her size

20. What will Molly do today?

    (A) Go to the hospital
    (B) Go home and rest
    (C) Go shopping at the mall

21. What will Jerry do tomorrow in the library?

    (A) Find his book
    (B) Help other students
    (C) Finish his book report

Listening

Part 4   Actual Test 1 #22~39

Listen to a story about Ben.

22. Why was Ben nervous about going into the building?

    (A)   He was in trouble.
    (B)   He had to go in alone.
    (C)   He was afraid of the dark.

23. What happened right after Ben opened the door to the building?

    (A)   Ben's friends teased him.
    (B)   Ben's mother called.
    (C)   Ben's father came to pick him up.

Listening

24. What is true about the building?

    (A) No one is allowed in.
    (B) The building is haunted.
    (C) The building is dangerous.

25. Who wanted Ben to be safe in the story?

    (A) His teachers
    (B) His friends
    (C) His parents

Listening

Listen to a story about a greedy ruler and his servant.

26. How did Ramsey get gold?

    (A) He took it from his people.

    (B) He stole it from the palace.

    (C) He borrowed it from friends.

27. What is true about Meeko's daughter?

    (A) She searched for a golden jar.

    (B) She needed special medicine.

    (C) She prayed to the god of health.

28. Why did Meeko deliver the golden jar to Ramsey?

    (A) To buy medicine for his daughter

    (B) To trick Ramsey with poisonous snakes

    (C) To give Ramsey half of the gold coins

29. What did Meeko expect to see in the jar at the end?

    (A) Gold coins

    (B) Special medicine

    (C) Poisonous snakes

Listening

Listen to a teacher in a science class.

30. What is a "bird strike"?

    (A) When birds fly high above the ground
    (B) When birds hit an airplane in the sky
    (C) When birds build their nests at the airport

31. What do airports do to stay safe from bird strikes?

    (A) They grow long grass.
    (B) They plant many trees.
    (C) They cover any water areas.

32. Which is NOT used to scare birds away?

    (A) Lasers
    (B) Recorded noise
    (C) Trained airport workers

Listening

Listen to a teacher talking about a scientist.

33. What did Jane do after she had saved enough money?

   (A)   Got a job in Tanzania
   (B)   Spent time in the jungle
   (C)   Visited a friend in Kenya

34. What do chimpanzees do that is very similar to humans?

   (A)   They make tools.
   (B)   They eat only plants.
   (C)   They do not show emotions.

35. Why were Jane's discoveries so important?

   (A)   They helped Jane win many awards.
   (B)   They taught chimpanzees to use tools.
   (C)   They helped scientists better understand chimpanzees.

Listening

Listen to a guide in a museum of cinema.

36. How do you first start making a movie?

   (A) By hiring actors
   (B) By writing a script
   (C) By having an idea

37. Why is a storyboard important?

   (A) It tells actors what to say and how to act.
   (B) It helps decide what the movie will look like.
   (C) It is a place for staff members to tell stories.

38. What is true about making a movie?

   (A) You need to shoot many scenes.
   (B) You do not need very many people.
   (C) You can add only music to movies.

39. Who makes cool effects?

   (A) The editor
   (B) The actors
   (C) The designer

You finished the listening test.

Do not mark questions 40 and 41.

Actual Test 2

No test questions on this page

Reading

Part 1

Read and find the answer.
Fill in the correct circles on your answer sheet.

Let's do an example.

1. The pirate puts this into his treasure chest. It is a gray and shiny metal. The pirate can use it to buy many things.

   The pirate has _____.

   (A) silver
   (B) fossil
   (C) silk

   The correct answer is silver. Fill in "A" on your answer sheet.

---

2. You cannot get out of bed because your stomach hurts. Your parents take you to the hospital. The doctor gives something to you.

   The doctor gives you _____.

   (A) cinema
   (B) medium
   (C) medicine

3. The man takes something that does not belong to him. The people scream. The policeman catches the man and puts him in jail.

   The man _____.

   (A) steals
   (B) struggles
   (C) proves

Reading

4. The frog is going over the rock. The bunny is going over the log. The kangaroo is going over the wide field. They are jumping on their feet.

   They are _____.

   (A) crashing
   (B) hatching
   (C) hopping

5. The movie is about monsters. The story happens in a dark forest. You cannot watch the movie so you cover your eyes.

   The movie is _____.

   (A) scary
   (B) scattered
   (C) specific

6. The horse is free. It does not live on a farm. It lives in nature and does not like people. It is hard to tame this horse.

   The horse is _____.

   (A) widen
   (B) wild
   (C) mild

7. The baby is crying. The mom picks up the baby and whispers to him. The mom tries to make the baby laugh and swings him slowly.

   The baby will _____.

   (A) find out
   (B) calm down
   (C) look up

Reading

Reading

Part 2

Fill in the correct circles on your answer sheet.

Read the poster. Answer questions 8 to 11.

Field Trip Information

This Friday the 6th grade class will be going to the **Central Park Zoo**, located in New York City. The bus will leave at 8:30 a.m. Please remind your parents that you need to be here by 8:15 a.m. We will arrive at the zoo around 9:00 a.m. and stay for a few hours. It will be a fun time, with lions, tigers, and so much more.

Please note that there are some important **rules at the zoo** we must follow:

1. Visitors age 12 and under must be with an adult at all times.
2. Do not feed the animals.
3. Please do not touch the plants and wildlife.
4. No pets allowed in the Central Park Zoo.
5. Please put all trash in trash bins. No littering.
6. Please do not tease the animals or make loud noises.
7. Do not hit or pound on the animals' windows.

If any of these rules are broken, officials at the Central Park Zoo will kindly ask you to leave.

Don't let this happen.

Remember: Lunch will be at 11:30 a.m. You can bring your own lunch or purchase a lunch in the zoo's cafeteria.

Reading

8. What time will the bus be leaving?

    (A) 8:15 a.m.
    (B) 8:30 a.m.
    (C) 9:00 a.m.

9. How long will they be staying at the zoo?

    (A) A few hours
    (B) A couple of hours
    (C) All day

10. Based on the rules, what should people do at the zoo?

    (A) Feed the animals
    (B) Put all trash in trash bins
    (C) Pound on the animals' windows

11. If any students break the rules, what will happen?

    (A) They will make loud noises.
    (B) They will feed the animals.
    (C) They will be asked to leave.

Reading

Read the email. Answer questions 12 and 13.

To: Friends
From: Lina
Subject: Surprise Party

Hello everyone. Surprise party for Olivia will be this Saturday. She does not know about it, so do not tell her. Please come to my house at 3:00 p.m. on March 14th. On the 14th, Olivia is going to come over at 3:30 p.m. She thinks we are meeting to do homework together. But, we will all be there to surprise her for her birthday. She is going to love it, but remember – keep it a secret. My mom will make the cake and order pizza for the party. It will be a fun day.

Thanks,
Lina

12. What time should Lina's friends come to Lina's house?

    (A) 3:30 p.m.
    (B) 3:00 p.m.
    (C) 4:00 p.m.

13. What does Olivia think she is going to do on Saturday?

    (A) To have a birthday party with her family
    (B) To have a surprise birthday party with friends
    (C) To do homework with Lina at her house

Reading

Read the email. Answer questions 14 and 15.

To: Gabe
From: Minju
Subject: Trip and Photos

I wanted to write to say thank you again for the great travel tips on Chicago. My favorite part of the trip was the boat tour that you told me about. It was such a neat way to see the city and learn about its history. I included some photos in this email from the boat tour and of some of the buildings. My favorite building on the boat tour was the Tribune Tower because of its special history. I also enjoyed visiting the Field Museum because I got to see incredible dinosaur bones. It was such a great trip, and I am really thankful for your help and tips.

Sincerely,
Minju

14. What was Minju's favorite part of the trip?

   (A) The Field Museum
   (B) The Tribune Tower
   (C) The boat tour

15. How did Gabe help Minju?

   (A) He gave her travel tips.
   (B) He went to Chicago with her.
   (C) He told her to go to Chicago.

Reading

Read the letter. Answer questions 16 and 17.

Dear Austine Times,

Last week, I read an article from your newspaper entitled, "How to Save the Planet." I learned a lot from this article on how I can help save the planet. For example, I am going to make sure my family does not use single-use plastic bags anymore. It is really sad to read about how plastic is causing so many problems for the ocean. I will never buy water in plastic bottles again. My plan is to always bring my water bottle with me, so I can just fill it up when I need water. I am going to read the article at school tomorrow for my classmates. I want to be a better person and help save the planet. Thanks so much for writing the article and giving me some great ideas.

Sincerely,
Tommy

16. Why did Tommy write a letter to the Austine Times?

   (A) To ask questions about saving the planet
   (B) To learn more about single-use plastic bags
   (C) To say thanks for writing the newspaper article

17. What will Tommy NOT buy again?

   (A) Single-use plastic bags
   (B) Plastic bottles
   (C) Water

Reading

Test 2

Reading

Read the instructions. Answer questions 18 to 20.

Tornado in a Bottle

A tornado is one of the most destructive forces of nature. It takes place in an area of the United States called Tornado Alley. Tornadoes can be very dangerous, so you do not want to be near one. But, today you are going to learn to make one in a plastic bottle. Are you ready for this cool science project?

What is needed:
- Water
- A clear plastic bottle with a cap
- Glitter
- Dish soap

Here is how to make your own tornado:
1. Fill the plastic bottle with water until it is three-quarters full.
2. Add a few drops of the dish soap.
3. Sprinkle in some glitter. This will make your tornado easier to see.
4. Put the cap on. Make sure the cap is on tightly.
5. Turn the bottle upside down and hold it by the neck.
6. Quickly spin the bottle in a circular motion for about 10 seconds.
7. Stop spinning and look. You should see a mini-tornado in the bottle.

Note: You may need to try spinning again if you do not see one the first time.

What is happening here? The circular motion creates a water vortex in the bottle that looks like a tornado. The water continues spinning due to the force that keeps an object moving in a circular path. Science in a bottle, how amazing!

18. What is Tornado Alley?

    (A) A plastic bottle science experiment
    (B) A place where lots of tornadoes happen
    (C) An area inside the tornado

19. What goes into the plastic bottle first?

    (A) Water
    (B) Dish soap
    (C) Glitter

20. Why is glitter used in the experiment?

    (A) To make the water spin faster
    (B) To make the dish soap mix with water
    (C) To make it easier to see the tornado

Reading

Read the instructions. Answer questions 21 to 23.

Joyland's Quick Bands

Every kid wants to visit Joyland. There is so much to do there. Joyland is very popular, which means there are a lot of people and long lines. One way to avoid the long lines is to purchase the Quick Band. The Quick Band makes everything easier to do and see at Joyland. Here is how to use it:

1. Before your trip, go online to the Joyland website.
2. Purchase the Quick Band. Delivery usually takes 3-4 weeks.
3. Once you have your Quick Band, you need to create or sign into your online account.
4. You will need help from one of your parents. They will go online and link a credit card to the Quick Band.

Now your Quick Band is ready to go. The next part is the fun part. You have to remember to bring your Quick Band to Joyland. While in the park, you can use your Quick Band to:

- Unlock your resort hotel room (only Joyland resorts)
- Enter theme parks
- Access your QuickPass reservations (allows you to skip lines)
- Purchase food, drinks, and snacks
- Buy Joyland gifts

As you can see, the Quick Band is very helpful and a time saver. When you plan your trip to Joyland, make sure you do not forget your Quick Band!

Reading

21. **What do you do after you have your Quick Band?**

    (A) Wait for the delivery
    (B) Link a credit card to the Quick Band
    (C) Create or sign into your online account

22. **When do kids need their parents to help?**

    (A) When going to the Joyland website
    (B) When creating an online account
    (C) When linking a credit card

23. **What can you do with the Quick Band?**

    (A) Get free snacks
    (B) Stay one night at any resort
    (C) Skip long lines

Reading

Read a story about Gina's family. Answer questions 24 to 27.

It was Gina's birthday, her 12th birthday to be exact. For her 12th birthday, Gina had only one wish – a new bike.

"Good morning Gina and happy birthday! Let's eat breakfast first, then you can open your presents," Gina's mother said.

Normally, Gina's family opens presents in the afternoon. However, they knew Gina was too excited to wait, so they decided to do it after breakfast. Shortly after eating, Gina was sitting next to her presents. She noticed one present that was huge, like the size of a box that could fit a new bike!

"Can I open the big one first, please?" cried Gina.

"Sure," said Gina's father with a big smile.

As Gina started to quickly rip off the wrapping paper, she noticed that the giant box felt very light. She started to wonder if it was an empty box. She felt nervous. As the wrapping paper fell to the ground, Gina could see it was a box for a bike. She ripped open the top and peeked inside. Empty. It was just an empty box.

Disappointed and worried, Gina said, "What is this? It is just an empty box."

"Well Gina, you are now 12 years old. We feel you are ready to pick your own bike. This afternoon, we are all going to Sports Mart and you can pick any bike you want from the entire store," said Gina's mother.

Gina was amazed. Not only was she going to get a new bike, but she was also going to pick it out. She felt like the luckiest and wisest 12-year old on the planet that day.

24. What did Gina do before opening presents?

   (A) Took a shower
   (B) Ate breakfast
   (C) Went to Sports Mart

25. Why did Gina feel disappointed and worried?

   (A) She did not like the new bike.
   (B) Something else was in the box.
   (C) The big box was empty.

Reading

26. Why did Gina's parents want Gina to pick her new bike?

   (A) They did not want to choose the wrong bike for Gina.

   (B) They thought Gina was old enough to pick her own bike.

   (C) They did not want to put a new bike in the big box.

27. What is Gina going to do in the afternoon?

   (A) To learn how to ride a bike

   (B) To pick out her new bike

   (C) To return her new bike

Reading

Read a story about the Wells family. Answer questions 28 to 31.

"Well kids, today is the day. The car is ready, the house is packed, let's get going. Say goodbye to the old house," said Mr. Wells as his family sadly looked at their house, for the last time.

The Wells family has lived in the same house for the last 10 years. It is a big house with a big yard in a small town. But now they are moving to Seattle into an apartment. Mrs. Wells was offered a new job in Seattle, and they could not pass up the opportunity.

As they were driving to Seattle, the family started to discuss which was better: a house in the country or an apartment in the city.

"I am going to miss our yard the most. We had so much space and it was all ours," said Rick, the oldest son.

"Now we will never have to do yard work and there is a park right across the street from our apartment complex. So, we will still have plenty of room to play and run around," replied Vera, Rick's younger sister.

"I will miss our house quite a bit. But, I am excited to be in the city. Now, we can walk everywhere, to get good coffee and groceries," said Mrs. Wells.

As they continued to talk, the Wells family realized there are good things and bad things about both. However, what was most important was they were together. They understood they would miss their old home, but they were excited for new adventures in Seattle.

"What is that?" yelled Vera from the backseat.

"That is the Space Needle," replied Mr. Wells.

Reading

28. What is the story about?

    (A) The Wells family talking in the train
    (B) The Wells family moving from an apartment to a house
    (C) The Wells family moving to the city

29. Why is the Wells family moving to Seattle?

    (A) They need a bigger house.
    (B) Mrs. Wells got a job offer.
    (C) They want to live next to a park.

30. Who would miss the yard the most?

    (A) Mr. Wells
    (B) Rick
    (C) Vera

31. What was most important to the Wells family?

    (A) That they were together
    (B) That their apartment was big
    (C) That they had new adventures coming

Reading

Read about a plant. Answer questions 32 and 33.

Imagine going on a hike in South Africa, looking down, and seeing a baseball on the ground. When you bend down to pick it up, you realize it is not a baseball, but a plant. You have found one of South Africa's most unique plants which is called Euphorbia obesa, or the baseball plant. It is small and round, only 20 cm in height and 9 cm in width. Due to its unique shape, plant collectors search for this plant and take it for their own collections. Over the years, the plant has almost become extinct in its natural habitat. As a result, the plant is now protected by national and international law. If you are in South Africa and see a baseball on the ground, do not try to pick it up!

32. Why is the plant called "the baseball plant"?

    (A) People like to throw it like a baseball.
    (B) It grows well in South America.
    (C) It is shaped just like a baseball.

33. Why is the plant now protected by law?

    (A) It grows all over the world.
    (B) It is almost extinct.
    (C) It helps plant collectors.

Reading

Read about the loudest sound. Answer questions 34 and 35.

You might believe that the loudest sound on the planet is a classroom right after recess. However, there are even louder sounds. Sound is measured in decibels, dBs. Any sound above 120 decibels hurts people's ears! Fireworks, for example, are very loud and reach decibel levels of 150. The loudest animal on the planet is a blue whale. A blue whale creates a sound that can reach 190 decibels and travel for hundreds of miles underwater. Other extremely loud noises come from earthquakes, bombs, and volcanoes. The loudest event in history happened in Russia in 1908. The event is known as the Tunguska Meteor and it was a massive explosion. The explosion was most likely caused by a large rock from space and created a recorded explosion over 300 decibels.

34. What happens when sounds start to reach 120 dBs?

    (A) They start to hurt people's ears.
    (B) They are able to be heard.
    (C) They sound like human speech.

35. Which sound reaches around 190 dBs?

    (A) Fireworks
    (B) Blue whales
    (C) Earthquakes

Reading

Read about the Great Lakes. Answer questions 36 and 37.

When you look at a map of the United States, you cannot miss seeing five large areas of blue in the Midwest. These are the Great Lakes, the largest group of freshwater lakes on Earth. They are made up of Lake Huron, Lake Ontario, Lake Michigan, Lake Eerie, and Lake Superior. An easy way to remember their names is HOMES. The largest of the Great Lakes is Lake Superior, located north of Minnesota, Wisconsin, and Michigan. Lake Superior is so large that all the water in the lake could cover North and South America entirely under two inches of water. Lake Michigan is the only lake completely in the United States. The other four each share a boarder with both the US and Canada. Lake Huron was the first of the Great Lakes to be discovered by European explorers. Lake Ontario is the smallest of the Great Lakes and has the city of Toronto on its shores. Finally, Lake Eerie is the warmest of the lakes, and its water spills over Niagara Falls. Not only are these lakes huge, but they are also very important. The Great Lakes are home for millions of different animals and a popular source of food for people throughout the United States.

Reading

36. Why does the passage mention the word HOMES?

    (A) Because lots of homes are on the Great Lakes
    (B) As a way to remember the names of the lakes
    (C) As another way to spell Lake Huron

37. Which Great Lake does NOT share a boarder with both Canada and the US?

    (A) Lake Michigan
    (B) Lake Huron
    (C) Lake Superior

You finished the reading test.

Do not mark questions 38 and 39.

Listening

Part 1  Actual Test 2 #01~07

Fill in the correct circles on your answer sheet.

Let's do an example.

1.

(A) (B) (C)

The answer is "B." Fill in "B" on your answer sheet.

Now, you do it.

2.

(A) (B) (C)

70 FINAL TEST for the TOEFL PRIMARY Step 2

Listening

3.

(A)

(B)

(C)

4.

(A)

(B)

(C)

5.

(A)

(B)

(C)

Listening

6.

(A)

(B)

(C)

7.

(A)

(B)

(C)

Listening

Part 2 Actual Test 2 #08~14

Listen to a conversation and answer the question.
Fill in the correct circle on your answer sheet.

Let's do an example.

8. What will the girl do next?

   (A) Ask her mom
   (B) Watch a movie
   (C) Play video games

The answer is "B." Fill in "B" on your answer sheet.

Now, you do it.

---

9. Why did the father and son decide to stay home?

   (A) The pizza restaurant was too busy.
   (B) They wanted to spend more time together.
   (C) They had never made pizza crust before.

10. What will the mother get from the supermarket?

    (A) Orange juice and apples
    (B) Orange juice and cookies
    (C) Apples and peanut butter

11. What will the girl do next?

    (A) Clean her finger
    (B) Bandage her finger
    (C) Play in the volleyball game

Listening

12. Why does the boy buy flowers?

    (A) To get free flowers
    (B) To visit his grandma
    (C) To surprise his mother

13. What does the grandfather want his granddaughter to do?

    (A) Skateboard down the hill
    (B) Walk across the street by herself
    (C) Hold his hand when crossing the street

14. What will the boy do next?

    (A) Go down the water slide
    (B) Go to the boy's locker room
    (C) Buy a snack at the food counter

Listening

Part 3 Actual Test 2 #15~21

Listen and answer the question.
Fill in the correct circle on your answer sheet.

Let's do an example.

15. Why did Isabelle's dad call?

    (A) To tell Isabelle how well she played
    (B) To ask Isabelle about the piano concert
    (C) To ask Isabelle how much she has practiced piano

    The answer is "A." Fill in "A" on your answer sheet.

    Now, you do it.

---

16. What will Jack do tomorrow?

    (A) Draw a map of China
    (B) Give the book to another student
    (C) Return the book

17. What did Principal Brooks call about?

    (A) Mr. Jackson's kids
    (B) Mr. Jackson's time
    (C) Mr. Jackson's advice

18. Why did Eric's dad call?

    (A) To tell Eric he will be late
    (B) To tell Eric to stay in the car
    (C) To ask Eric to wait in the classroom

Listening

19. Why did the supermarket worker call?

    (A) To help Ms. Nelson carry everything
    (B) To tell Ms. Nelson she forgot her milk
    (C) To report to Ms. Nelson about a missing item

20. Why did Kendra call?

    (A) To tell Ms. Davis she cannot finish her homework
    (B) To tell Ms. Davis about her family trip to a music festival
    (C) To ask Ms. Davis to explain the homework

21. Why did Mike call?

    (A) To ask Steve to help him pack
    (B) To let Steve know he is moving
    (C) To invite Steve to his new house

Listening

Part 4   Actual Test 2 #22~39

Listen to a story about Sally.

22. Where is Sally bungee jumping?

    (A)   On a mountain
    (B)   With her friend
    (C)   At the amusement park

23. How does Sally feel toward Krista?

    (A)   Happy
    (B)   Nervous
    (C)   Thankful

Listening

24. Why would Sally scream?

    (A) She is scared.
    (B) She cannot smile.
    (C) Her friends look like tiny dots.

25. What helped Sally face her fear the most?

    (A) She had a friend.
    (B) She jumped slowly.
    (C) She closed her eyes.

Listening

Listen to a story about a woman and a bird.

26. What did Lulu NOT like about the bird?

  (A)　It flew into her hair.
  (B)　It would not stop singing.
  (C)　It was eating everything.

27. Where did Lulu go first?

  (A)　To the bakery
  (B)　To the fruit stand
  (C)　To the vegetable stand

28. What did the baker's son think of Lulu's singing?

  (A)　It was terrible.
  (B)　It was lovely.
  (C)　It was too loud.

29. Why did the bird fly away?

  (A)　The baker's son told it to.
  (B)　It wanted to sing a pretty song.
  (C)　It did not want to listen to Lulu's singing.

Go On

Listening

Listen to a guide in an art museum.

30. What did Leonardo study?

    (A) How to act
    (B) How to cook
    (C) How to build things

31. What is true about Leonardo?

    (A) He began his learning in the arts at age 12.
    (B) His most famous painting is in London.
    (C) He was interested in math and architecture.

32. Which does NOT describe Leonardo in the passage?

    (A) Talented
    (B) Unskilled
    (C) Creative

Listening

Listen to a teacher giving a science lesson.

33. How can you tell if a tree is sick?

   (A) It stands straight.
   (B) It grows many branches.
   (C) It has sores on its bark.

34. What can trees be infected by?

   (A) Bacteria
   (B) Wild flowers
   (C) Ear infections

35. Which does NOT help the trees?

   (A) Call the tree expert
   (B) Give them chemicals
   (C) Watch for symptoms

Listening

Listen to a teacher in a swimming class.

36. What swimming stroke did Caeleb beat Michael in?

   (A) Butterfly
   (B) Backstroke
   (C) Breaststroke

37. What does the butterfly kick look like?

   (A) A frog kicking
   (B) A butterfly flying
   (C) A dolphin kicking

38. What is the fastest stroke?

   (A) Freestyle
   (B) Backstroke
   (C) Breaststroke

39. What is the difference between the front crawl and the backstroke?

   (A) How swimmer's arms move
   (B) How quickly you kick your feet
   (C) Whether you are facing up or down

You finished the listening test.

Do not mark questions 40 and 41.

Actual Test 3

No test questions on this page

Reading

Part 1

Read and find the answer.
Fill in the correct circles on your answer sheet.

Let's do an example.

1. The weather is hot. The runner runs up hills and down long roads. She runs very far and her shirt is wet.

   Her shirt has _____ on it.

   (A) sweat
   (B) street
   (C) swamp

   The correct answer is <u>sweat</u>. Fill in "A" on your answer sheet.

---

2. You do not know what the cake tastes like. You wonder if it is sweet or salty. You put it and move it around in your mouth.

   You put the cake on your _____.

   (A) tonight
   (B) tongue
   (C) language

3. You will study your notes. You will remember every word and use flashcards. You will do well on your test.

   You will _____ your notes.

   (A) support
   (B) memorize
   (C) measure

Reading

4. The hunter is cold. He wants to build a fire to get warm. The hunter needs wood to build a fire, so he goes into the forest to get wood.

   The hunter will _____ wood.

   (A) gather
   (B) remove
   (C) gaze

5. It is raining outside and the children cannot leave their house. There is nothing to play with. The children yawn and feel tired.

   The children are _____.

   (A) bored
   (B) different
   (C) solid

6. The knight sees a dragon. The dragon tries to eat the knight. The knight does not run away and fights the dragon.

   The knight is _____.

   (A) brief
   (B) timid
   (C) brave

7. Someone took the queen's crown. The queen calls the police and the policeman asks many questions. He searches for clues.

   The policeman will _____ who took it.

   (A) throw away
   (B) cut down
   (C) find out

Reading

Reading

Part 2

Fill in the correct circles on your answer sheet.

Read the poster. Answer questions 8 to 11.

Westside Elementary School
This Week's Lunch Menu

Please remember: After eating, throw your garbage in the garbage can, leftover food in the bin, and place your tray on the cart.

	Meal Option 1	Meal Option 2	Appetizer	Dessert
Monday	Fried Chicken	Corn on the Cob	Mashed Potatoes	Muffin
Tuesday	Tacos	Chili	Black Beans	Almond Biscuits
Wednesday	Pasta	Sausage Pizza	Sweet Potato Fries	Yogurt and Granola
Thursday	Greek Salad	Lasagna	Garlic Bread	Ice Cream
Friday	Hamburger	Hot Dog	French Fries	Chocolate Chip Brownies

*All meals include an option for fruit cups (blueberries, apple slices, and strawberries) and vegetables (carrots, celery).

Reading

8. After eating, where should the trays go?

    (A) On the cart
    (B) In the bin
    (C) Above the garbage can

9. What is NOT included in the fruit cup?

    (A) Blueberries
    (B) Oranges
    (C) Strawberries

10. On Wednesday, what is the dessert option?

    (A) Almond biscuits
    (B) Yogurt and granola
    (C) Ice cream

11. What day do students get garlic bread?

    (A) Tuesday
    (B) Thursday
    (C) Friday

Reading

Read the email. Answer questions 12 and 13.

To: Students
From: Mr. Muth
Subject: 6th Grade Class Details

Hello students. On April 25th, we will have a special guest for our history class. Our guest will be coming in at 1:30 p.m. and will talk to us for one hour. Her name is Li Na, and she is a history professor at Stanford University. She is going to talk to us about the history of Asian countries, focusing on the 19th century. I want each of you to prepare one question for Ms. Na about Asian history. During her presentation, please listen carefully and be respectful. If you have any questions for me, please let me know.

Mr. Muth

12. What is happening on April 25th?

    (A) The students' history class is canceled.
    (B) The students are going to Stanford University.
    (C) The students will have a guest visiting them.

13. What does Mr. Muth want his students to do?

    (A) Learn about Asian history before the presentation
    (B) Prepare one question to ask Ms. Na
    (C) Learn about Ms. Na and her history

Reading

Read the email. Answer questions 14 and 15.

To: Pets World
From: Ronald
Subject: Pet Questions

Hello, we recently got a new puppy and had some questions to ask. Our dog is only six months old and has lots of energy. We love her, but the problem is she does not listen very well. She likes to chew on things, barks a lot, and always runs away. We want her to learn some basic skills, such as sitting, staying, and lying down. Do you offer dog training classes on the weekends? We would like to stop in with our new puppy and learn about some basic dog training skills. When you have time, could you send me a schedule of when you offer classes?

Sincerely,
Ronald

---

14. What is something their dog does NOT do?

    (A) Lie down
    (B) Bark a lot
    (C) Run away

15. What does Ronald want to learn about?

    (A) Why his dog has lots of energy
    (B) Some basic dog training skills
    (C) If Pets World is open on the weekends

Reading

Read the email. Answer questions 16 and 17.

To: Teddy
From: Gina
Subject: Volleyball Practice

How are you doing? Next week is our volleyball match against the team from West Allis. They are the best team, so I am worried. We need to win one more game to make it to the championship. Do you think our volleyball team could meet before the match to practice? I can call the recreation center and reserve a court for one hour. We can meet after school around 3:00 p.m. or 4:00 p.m. You are the team captain, so I wanted to ask you first. What do you think? Last year we came in 2nd place, but this year I think we can win it. We just need a little more practice before the match against West Allis. Can you talk to the team and let me know what they say? Thanks.

See you soon,
Gina

16. Why is Gina worried?

   (A) Because she thinks nobody wants to practice
   (B) Because she is not the captain of the team
   (C) Because they are playing against the best volleyball team

17. Why did Gina want to ask Teddy first?

   (A) He is the team captain.
   (B) He knows the West Allis team.
   (C) He is the best player.

Reading

Reading

Read the instructions. Answer questions 18 to 20.

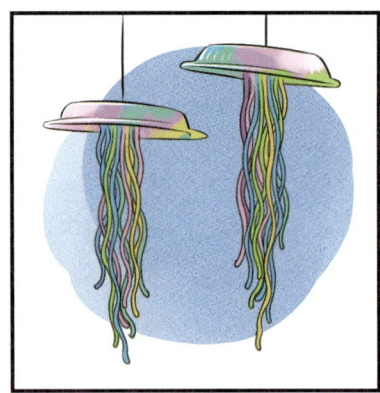

Make Your Own Glow-in-the-Dark Jellyfish

One of the most incredible creatures found in the ocean is the jellyfish. The way a jellyfish glides through the ocean is amazing to see. They have such beautiful and bright colors. Today, you are going to learn to make a jellyfish using some simple crafts. Here is how:

Materials:
- Paper plates
- White yarn
- Glow-in-the-dark paint
- Paint brushes
- Scissors
- Zipper sandwich bags
- Sharp pencil

Directions:
1. Paint the plates inside and out. Use two or more colors and try to make them very bright.
2. For the tentacles, cut 10-12 pieces of yarn about one meter in length.
3. Place the pieces of yarn in the sandwich bag. Pour in some glow paint and seal the bag.
4. Press the bag until the yarn is completely covered. Add more paint if you need to.
5. Hang the yarn to dry.
6. At the center of the plate, punch two holes using the pencil.
7. Take a piece of yarn and push it through both holes.
8. Create a small loop on the inside of the plate.
9. Push the yarn through the loop from the inside of the plate. The tentacles should be hanging down from the inside of the plate.
10. Flip the plate and tie a double knot on the top.
11. Find a nice spot to hang your jellyfish and enjoy!

Reading

18. How many colors should you use to paint the plates?

    (A) 10-12 colors
    (B) Less than two colors
    (C) Two or more colors

19. Why do you need to press the sandwich bag?

    (A) To cover the yarn with the paint
    (B) To make sure the yarn is soft
    (C) To cover your hands with the paint

20. In the end, what should you do after you flip the plate?

    (A) Find a nice spot to hang it
    (B) Push the tentacles through the loop
    (C) Tie a double knot on the top

Reading

Read the instructions. Answer questions 21 to 23.

How to Write a Haiku

An old silent pond
A frog jumps into the pond
Splash! Silence again

This is a haiku, a famous style of three-line poetry from Japan. For some people, writing a poem can be difficult. However, haikus have simple rules to follow, so anyone can do it! Follow these simple directions to write your own haiku.

The haiku structure:
1. There are only three lines, totaling 17 syllables.
2. The first line needs to be 5 syllables long.
3. The second line needs to be 7 syllables long.
4. The third line needs to be again 5 syllables long.
5. A haiku does not have to rhyme, like other forms of poetry.
6. It can include the repetition of words or sounds.

Some tips on how to write the haiku:
1. Start by writing down some topics you are interested in.
2. Choose one topic. Write it down on a piece of paper.
3. Around the topic, write down words related to the topic.
4. Now, begin to choose the words you like the best.
5. Use these words and the topic to write your haiku.

Reading

21. Which is the correct order of a haiku?

  (A) 7 syllables, 5 syllables, 7 syllables
  (B) 5 syllables, 7 syllables, 5 syllables
  (C) 5 syllables, 5 syllables, 7 syllables

22. What comes after you write down some topics?

  (A) You write the haiku.
  (B) You choose the words you like best.
  (C) You choose one topic.

23. Why does the passage mention rhyming?

  (A) To say a haiku does not have to rhyme
  (B) To say that all poetry should rhyme
  (C) To provide an example topic

Reading

Read a story about Tim. Answer questions 24 to 27.

"Mom, come on. Let's go!" Tim shouted from inside the car while waiting for his mother to come. Tim, his sister, and his mother were on their way to Bradford Beach. It was a beautiful summer day and the only thing Tim wanted to do was to go swimming.

"Settle down, Tim. I am coming. I hope you didn't forget anything like last time," said Tim's mother.

Tim's goal this summer was to become a stronger swimmer. Last summer he learned how to do freestyle swimming. Now he wants to learn how to do the breaststroke, backstroke, and the butterfly stroke. His swimming coach said the butterfly stroke is the most difficult. Tim's older sister is an excellent swimmer and has been helping him learn.

"Tim, when we get in the water, let's practice the backstroke first," said Rachel, Tim's sister.

"Sounds good. I think soon I will be teaching you how to become a stronger swimmer," joked Tim.

During the winter, Tim and Rachel practice swimming in the pool at the gym. It is good to practice there, but they both prefer swimming outside in the sea. It is their favorite thing to do in the summer.

As Tim's mother pulled the car into the parking lot, Tim was almost out the door before the car completely stopped. He quickly found a nice spot, put his stuff down, and ran straight into the water.

"Come on, Rachel. Hurry up!" yelled Tim from the water.

24. What is the story about?

    (A) Tim and Rachel's summer vacation
    (B) If a pool or the sea is better
    (C) Tim's love for swimming

25. What was Tim's goal this summer?

    (A) To not forget anything like last time
    (B) To become a stronger swimmer
    (C) To learn how to do freestyle swimming

Reading

26. What did Tim's swimming coach say about swimming?

    (A) The butterfly stroke is the most difficult.
    (B) The breaststroke is the easiest.
    (C) Rachel is an excellent swimmer.

27. What did Tim do after his mom parked the car?

    (A) He ran into the sea.
    (B) He told a joke.
    (C) He waited for his sister.

Reading

Read a story about Sofia and Harper. Answer questions 28 to 31.

Sofia and Harper love visiting their grandmother. She is always so kind to them and makes the best chocolate chip cookies. But when they talk together, it is always their grandmother asking them questions.

"How was school? How are your grades? Are you studying enough? Are you making lots of friends?" she always asks.

However, Sofia and Harper wanted to learn more about their grandmother. Their grandmother's basement is full of old stuff – clothes, trophies, awards, and so much more. Their plan is to go to the basement with their grandmother and ask her about these things. This would be their way of learning more about their grandmother.

"Grandma, is this bowling trophy yours?" asked Sofia.

"Oh dear, it sure is. When I was younger, much younger, I was a very good bowler. When I was 16, I won the city bowling tournament and was given this trophy," said their grandmother.

"Wow, I didn't know that. And what about this?" asked Harper as he was holding up an old photo of his grandmother and grandfather in Egypt.

"That is from our trip to Egypt in 1975. What a great trip! We visited the pyramids, did a camel trek through the desert, and ate delicious Egyptian food," grandmother said as she remembered the trip.

That day, Sofia, Harper and their grandmother spent hours in the basement. Sofia and Harper were now asking the questions. They were learning so many wonderful and interesting things about their grandmother. Sofia and Harper's next plan is to visit their grandmother more often.

Reading

28. What is the story about?

    (A) All the stuff in grandmother's basement
    (B) Grandmother's adventures in Egypt
    (C) Sofia and Harper learning about their grandmother

29. What was the first thing Sofia and Harper asked grandmother about?

    (A) An old photo
    (B) A bowling trophy
    (C) A trip to Egypt

30. What did their grandmother do when she was 16?

    (A) Learned how to bowl
    (B) Moved her stuff to the basement
    (C) Won a bowling tournament

31. What is Sofia and Harper's next plan?

    (A) To ask more questions to their grandmother
    (B) To visit their grandmother more often
    (C) To answer their grandmother's questions

Reading

Read about lying. Answer questions 32 and 33.

If we were all like Pinocchio, it would be easy to tell when a person is lying. When Pinocchio told a lie, his nose would grow longer. However, we are not Pinocchio and our noses do not grow longer. It is important to understand when someone is lying or telling the truth. There are some simple ways to know this. For example, when a person tells a story, but cannot supply details, he might be lying. When a person repeats the question over and over before answering, he might be lying. Or, when a person plays with their hair a lot or does not make eye contact, he might be lying. It is important to be able to figure out when someone is lying, so do your best to remember these tips.

32. What is the reading about?

    (A) The difference between a lie and the truth
    (B) How to tell when someone is lying
    (C) Why people decide to tell lies

33. Which is NOT a way to tell if someone is lying?

    (A) He cannot supply details to a story.
    (B) He repeats someone's questions.
    (C) He makes a lot of eye contact.

Reading

Read about plastic. Answer questions 34 and 35.

Plastic is everywhere. You can find it in cafes, grocery stores, movie theaters, and our oceans. One of the big challenges of dealing with pollution is the use of single-use plastic. This is the kind of plastic that is used once and thrown away, which includes straws, grocery bags, and food wrappers. A lot of this plastic is ending up in our oceans. Scientists estimate that 8.8 million tons of plastic end up in the ocean every year. If nothing is done, this amount could triple by the year 2050. Over 700 species of marine animals have been reported to have eaten plastic. Furthermore, animals get entangled in the plastic, which can make it hard for them to move and even kill them. We need to change our habits to help save the oceans before it is too late. Here are some simple things we can do. Do not use plastic straws or bags, use reusable water bottles, and do not litter.

34. What is NOT an examples of single-use plastic?

   (A)   Reusable water bottles
   (B)   Straws
   (C)   Food wrappers

35. What might triple by the year 2050?

   (A)   Animals that have eaten plastic
   (B)   The amount of plastic in the oceans
   (C)   The number of single-use plastic bags

Reading

Read about wind energy. Answer questions 36 and 37

The climate is a very serious concern these days. People throughout the world are speaking out for climate change. Part of this change is the need to switch from fossil fuels to renewable energy. One example of renewable energy that has become very popular is wind energy. The energy from wind is able to produce electricity with the use of a wind turbine. A wind turbine looks like a giant fan with large blades. It is usually anywhere between 200 and 300 feet tall with blades around 100 feet long. As the wind turns these fan blades, the blades then turn a long piece of metal inside the turbine. As the turbine spins, it produces the electricity. On average, one wind turbine in a year can create enough electricity for 2,500 average households. To take full advantage of the wind, energy companies build wind farms, which are usually built in windy areas. Wind farms can be built on land or in the ocean and include anywhere between a few wind turbines to thousands. The largest wind farm can be found in the California desert with over 4,800 wind turbines. The success of wind turbines has been very positive news for people, for the climate, and for Mother Earth.

Reading

36. How long are the blades of a wind turbine?

    (A) Around 100 feet
    (B) Around 200 feet
    (C) Around 300 feet

37. How long does it take for one turbine to make enough electricity for 2,500 households?

    (A) One month
    (B) One year
    (C) Two years

You finished the reading test.

Do not mark questions 38 and 39.

Listening

Part 1 Actual Test 3 #01~07

Fill in the correct circles on your answer sheet.

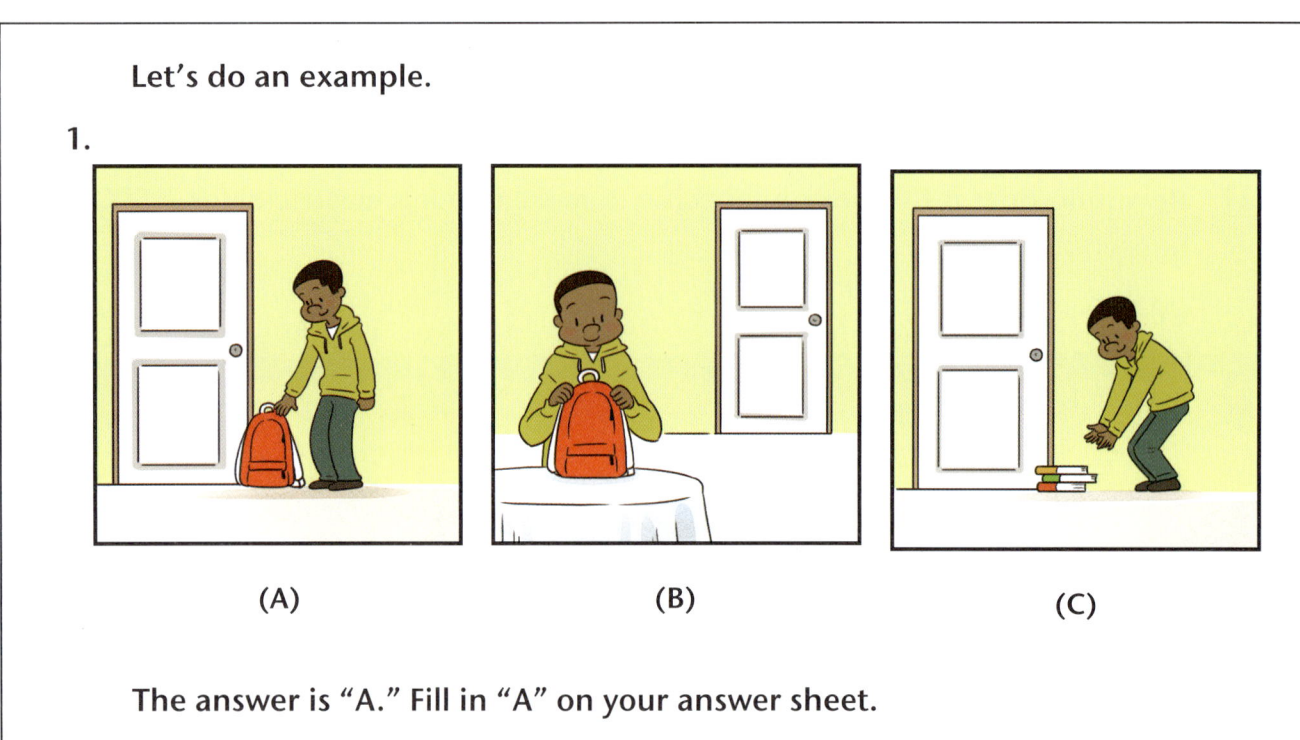

Let's do an example.

1.

(A) (B) (C)

The answer is "A." Fill in "A" on your answer sheet.

Now, you do it.

2.

(A) (B) (C)

108 FINAL TEST for the TOEFL PRIMARY Step 2

Listening

3.

(A)   (B)   (C)

4.

(A)   (B)   (C)

5.

(A)   (B)   (C)

Listening

6.

(A)

(B)

(C)

7.

(A)

(B)

(C)

Listening

Listening

Part 2  Actual Test 3 #08~14

Listen to a conversation and answer the question.
Fill in the correct circle on your answer sheet.

Let's do an example.

8. What did the boy really want to get Jenny?

   (A) A book
   (B) Slippers
   (C) A necklace

The answer is "C." Fill in "C" on your answer sheet.

Now, you do it.

---

9. What will the boy do next?

   (A) Put away the paints
   (B) Clean the brushes
   (C) Paint the cabinet white

10. What will the boy do next?

    (A) Ask his mom
    (B) Call his friends
    (C) Play the new video game

11. What does the girl want to do?

    (A) Not take the test
    (B) Do better on her test
    (C) Practice the fire drill

Go On

Listening

12. What did the boy NOT know about riding a bicycle?

    (A) He should wear a helmet.
    (B) He has to push on the brakes when going too fast.
    (C) He has to ring the bicycle bell to warn people to move.

13. How will the girl take care of the old flowers?

    (A) She will remove the dead leaves.
    (B) She will work hard in the garden.
    (C) She will water the flowers daily.

14. What does the girl want to focus on?

    (A) The fun games
    (B) The break time
    (C) The dance part

Listening

Part 3 Actual Test 3 #15~21

Listen and answer the question.
Fill in the correct circle on your answer sheet.

Let's do an example.

15. What will Sarah's grandmother do next?

   (A) Go to work
   (B) Go to a store
   (C) Go to the school

The answer is "C." Fill in "C" on your answer sheet.

Now, you do it.

---

16. Why did the teacher call?

   (A) To talk to Mr. Kennedy's son
   (B) To ask Mr. Kennedy's permission
   (C) To ask Mr. Kennedy to come to the recycling center

17. What will the coach do tomorrow?

   (A) Play chess with Troy
   (B) Have lunch with Troy
   (C) Talk to Troy about chess

18. Why did John call?

   (A) To thank Stephanie for her idea
   (B) To talk to Stephanie about his brother
   (C) To let Stephanie know his dad is gone

Listening

19. Why did Ricky's mom call?

    (A)   To tell Ricky how old their neighbor is

    (B)   To ask Ricky about his trip next month

    (C)   To give Ricky a chance to make money

20. What will Maranda do tomorrow?

    (A)   Ride the bicycle to the park

    (B)   Check the bicycle with Kyle

    (C)   Go to the hospital to examine her knee

21. Why did Olivia want to change the dance routine?

    (A)   The music was too short.

    (B)   The dance moves were difficult.

    (C)   The dance moves were too slow.

Listening

Part 4   Actual Test 3 #22~39

Listen to a story about Karen and Kyle.

22. Why is Kyle so busy?

   (A) He is older.

   (B) He is smart.

   (C) He is popular.

23. Why did Kyle NOT want to go to the park with Karen?

   (A) He was relaxing.

   (B) He was too tired.

   (C) He was going to a party.

Listening

24. How did Karen calm herself down?

    (A) She went to her bedroom.
    (B) She practiced breathing.
    (C) She colored a picture.

25. Why did Karen want Kyle to spend time with her?

    (A) She missed him.
    (B) She wrote him a letter.
    (C) She wanted to play at the park.

Listening

Listen to a story about a father and his son.

26. Which building material was the strongest?

    (A) Sticks
    (B) Bricks
    (C) Wood

27. What happened after the wood worker visited?

    (A) Bob and Billy chopped down trees.
    (B) Bob and Billy spent all their money.
    (C) Bob and Billy talked to the brick worker.

28. Why did Bob and Billy stop using the bricks?

    (A) The wood worker said to.
    (B) They had cut-down trees.
    (C) The bricks cost too much.

29. What did Bob and Billy learn from building the house?

    (A) They should listen to the wise man's instructions.
    (B) They should not follow others' ideas.
    (C) They should build their house out of the strongest material.

Listening

Listen to a teacher giving a science lesson.

30. Why are animals considered "endangered"?

    (A) They cannot see anymore.
    (B) They will live a long time.
    (C) There are so few of them left.

31. What kind of animals goes into the category of "critically endangered"?

    (A) The fastest animals
    (B) The scariest animals
    (C) The most threatened animals

32. Why are there such few black rhinos left?

    (A) They are scary.
    (B) They are too big.
    (C) They are hunted.

Listening

Listen to a teacher in a social studies class.

33. What is "fair trade"?

   (A) When a farmer sells all his vegetables
   (B) When the producers are paid well
   (C) When a company makes a lot of money

34. How can you recognize a fair trade product?

   (A) It is free.
   (B) It costs a lot.
   (C) It has a sticker.

35. How do fair trade products help the community?

   (A) They help build schools.
   (B) They help teachers learn.
   (C) They help families donate money.

Listening

Listen to a teacher in a science class.

36. What materials are tunnels built with?

   (A) Soil and rock
   (B) Steel and iron
   (C) Water and plastic

37. How do engineers decide the shape of a tunnel?

   (A) They study the ground.
   (B) They watch the weather.
   (C) They build it out of rocks.

38. Why do larger tunnels need more support?

   (A) To be well balanced
   (B) To be longer in length
   (C) To look more beautiful

39. Where can tunnels be built?

   (A) In the air
   (B) Underwater
   (C) On top of a mountain

You finished the listening test.

Do not mark questions 40 and 41.

EXAMPLE

YES	NO	NO	NO	NO
Ⓐ Ⓑ ●	Ⓐ Ⓑ Ⓒ✓	Ⓐ Ⓑ Ⓒ✗	Ⓐ Ⓑ Ⓒ	Ⓐ Ⓑ Ⓒ

Print your name in your first language:

Test Center Name:

Form Code:

Test Date:

SCHOOL USE ONLY
Is Consent Form on file? ◯ Yes ◯ No

1. NAME: Print your name. Using one box for each letter, first print your Given (first) name, then your Family (last) name. Below each box, use a No. 2 pencil and fill in the circle matching the same letter.

GIVEN (FIRST) NAME   FAMILY (LAST) NAME

2. STUDENT NUMBER — Start here

3. DATE OF BIRTH
Month — Day — Year
◯ Jan
◯ Feb
◯ Mar
◯ Apr
◯ May
◯ Jun
◯ Jul
◯ Aug
◯ Sep
◯ Oct
◯ Nov
◯ Dec

4. GENDER
BOY ◯
GIRL ◯

5. COUNTRY CODE

6. LANGUAGE CODE

7. At my school I am in:
◯ Grade 1
◯ Grade 2
◯ Grade 3
◯ Grade 4
◯ Grade 5
◯ Grade 6
◯ Grade 7
◯ Grade 8
◯ Grade 9
◯ Other

8. I have studied English for:
◯ 1 year or less
◯ 2 years
◯ 3 years
◯ 4 years
◯ 5 years
◯ 6 years or more

9. What test(s) have you taken before?
◯ TOEFL Primary Step 1
◯ TOEFL Primary Step 2
◯ Both
◯ None

10. GROUP CODE (if assigned)

11. CODE SETS (if assigned)
CODE SET 1 — CODE SET 2 — CODE SET 3

PAGE 1

Reading

1.	Ⓐ	Ⓑ	Ⓒ
2.	Ⓐ	Ⓑ	Ⓒ
3.	Ⓐ	Ⓑ	Ⓒ
4.	Ⓐ	Ⓑ	Ⓒ
5.	Ⓐ	Ⓑ	Ⓒ
6.	Ⓐ	Ⓑ	Ⓒ
7.	Ⓐ	Ⓑ	Ⓒ
8.	Ⓐ	Ⓑ	Ⓒ
9.	Ⓐ	Ⓑ	Ⓒ
10.	Ⓐ	Ⓑ	Ⓒ
11.	Ⓐ	Ⓑ	Ⓒ
12.	Ⓐ	Ⓑ	Ⓒ
13.	Ⓐ	Ⓑ	Ⓒ
14.	Ⓐ	Ⓑ	Ⓒ
15.	Ⓐ	Ⓑ	Ⓒ
16.	Ⓐ	Ⓑ	Ⓒ
17.	Ⓐ	Ⓑ	Ⓒ
18.	Ⓐ	Ⓑ	Ⓒ
19.	Ⓐ	Ⓑ	Ⓒ
20.	Ⓐ	Ⓑ	Ⓒ
21.	Ⓐ	Ⓑ	Ⓒ
22.	Ⓐ	Ⓑ	Ⓒ
23.	Ⓐ	Ⓑ	Ⓒ
24.	Ⓐ	Ⓑ	Ⓒ
25.	Ⓐ	Ⓑ	Ⓒ
26.	Ⓐ	Ⓑ	Ⓒ
27.	Ⓐ	Ⓑ	Ⓒ
28.	Ⓐ	Ⓑ	Ⓒ
29.	Ⓐ	Ⓑ	Ⓒ
30.	Ⓐ	Ⓑ	Ⓒ
31.	Ⓐ	Ⓑ	Ⓒ
32.	Ⓐ	Ⓑ	Ⓒ
33.	Ⓐ	Ⓑ	Ⓒ
34.	Ⓐ	Ⓑ	Ⓒ
35.	Ⓐ	Ⓑ	Ⓒ
36.	Ⓐ	Ⓑ	Ⓒ
37.	Ⓐ	Ⓑ	Ⓒ
38.	Ⓐ	Ⓑ	Ⓒ
39.	Ⓐ	Ⓑ	Ⓒ

Listening

1.	Ⓐ	Ⓑ	Ⓒ
2.	Ⓐ	Ⓑ	Ⓒ
3.	Ⓐ	Ⓑ	Ⓒ
4.	Ⓐ	Ⓑ	Ⓒ
5.	Ⓐ	Ⓑ	Ⓒ
6.	Ⓐ	Ⓑ	Ⓒ
7.	Ⓐ	Ⓑ	Ⓒ
8.	Ⓐ	Ⓑ	Ⓒ
9.	Ⓐ	Ⓑ	Ⓒ
10.	Ⓐ	Ⓑ	Ⓒ
11.	Ⓐ	Ⓑ	Ⓒ
12.	Ⓐ	Ⓑ	Ⓒ
13.	Ⓐ	Ⓑ	Ⓒ
14.	Ⓐ	Ⓑ	Ⓒ
15.	Ⓐ	Ⓑ	Ⓒ
16.	Ⓐ	Ⓑ	Ⓒ
17.	Ⓐ	Ⓑ	Ⓒ
18.	Ⓐ	Ⓑ	Ⓒ
19.	Ⓐ	Ⓑ	Ⓒ
20.	Ⓐ	Ⓑ	Ⓒ
21.	Ⓐ	Ⓑ	Ⓒ
22.	Ⓐ	Ⓑ	Ⓒ
23.	Ⓐ	Ⓑ	Ⓒ
24.	Ⓐ	Ⓑ	Ⓒ
25.	Ⓐ	Ⓑ	Ⓒ
26.	Ⓐ	Ⓑ	Ⓒ
27.	Ⓐ	Ⓑ	Ⓒ
28.	Ⓐ	Ⓑ	Ⓒ
29.	Ⓐ	Ⓑ	Ⓒ
30.	Ⓐ	Ⓑ	Ⓒ
31.	Ⓐ	Ⓑ	Ⓒ
32.	Ⓐ	Ⓑ	Ⓒ
33.	Ⓐ	Ⓑ	Ⓒ
34.	Ⓐ	Ⓑ	Ⓒ
35.	Ⓐ	Ⓑ	Ⓒ
36.	Ⓐ	Ⓑ	Ⓒ
37.	Ⓐ	Ⓑ	Ⓒ
38.	Ⓐ	Ⓑ	Ⓒ
39.	Ⓐ	Ⓑ	Ⓒ
40.	Ⓐ	Ⓑ	Ⓒ
41.	Ⓐ	Ⓑ	Ⓒ

EXAMPLE

YES	NO	NO	NO	NO
Ⓐ Ⓑ ●	Ⓐ Ⓑ Ⓒ✓	Ⓐ Ⓑ ✗	Ⓐ Ⓑ Ⓒ	Ⓐ Ⓑ Ⓒ

Print your name in your first language:

Test Center Name:

Form Code:

Test Date:

SCHOOL USE ONLY
Is Consent Form on file? ○ Yes ○ No

1. NAME: Print your name. Using one box for each letter, first print your Given (first) name, then your Family (last) name. Below each box, use a No. 2 pencil and fill in the circle matching the same letter.

GIVEN (FIRST) NAME   FAMILY (LAST) NAME

2. STUDENT NUMBER — Start here

3. DATE OF BIRTH
Month | Day | Year
○ Jan
○ Feb
○ Mar
○ Apr
○ May
○ Jun
○ Jul
○ Aug
○ Sep
○ Oct
○ Nov
○ Dec

4. GENDER
BOY ○
GIRL ○

5. COUNTRY CODE

6. LANGUAGE CODE

7. At my school I am in:
○ Grade 1
○ Grade 2
○ Grade 3
○ Grade 4
○ Grade 5
○ Grade 6
○ Grade 7
○ Grade 8
○ Grade 9
○ Other

8. I have studied English for:
○ 1 year or less
○ 2 years
○ 3 years
○ 4 years
○ 5 years
○ 6 years or more

9. What test(s) have you taken before?
○ TOEFL Primary Step 1
○ TOEFL Primary Step 2
○ Both
○ None

10. GROUP CODE (if assigned)

11. CODE SETS (if assigned)
CODE SET 1 | CODE SET 2 | CODE SET 3

PAGE 1

Reading

1. Ⓐ Ⓑ Ⓒ
2. Ⓐ Ⓑ Ⓒ
3. Ⓐ Ⓑ Ⓒ
4. Ⓐ Ⓑ Ⓒ
5. Ⓐ Ⓑ Ⓒ
6. Ⓐ Ⓑ Ⓒ
7. Ⓐ Ⓑ Ⓒ
8. Ⓐ Ⓑ Ⓒ
9. Ⓐ Ⓑ Ⓒ
10. Ⓐ Ⓑ Ⓒ
11. Ⓐ Ⓑ Ⓒ
12. Ⓐ Ⓑ Ⓒ
13. Ⓐ Ⓑ Ⓒ
14. Ⓐ Ⓑ Ⓒ
15. Ⓐ Ⓑ Ⓒ
16. Ⓐ Ⓑ Ⓒ
17. Ⓐ Ⓑ Ⓒ
18. Ⓐ Ⓑ Ⓒ
19. Ⓐ Ⓑ Ⓒ
20. Ⓐ Ⓑ Ⓒ
21. Ⓐ Ⓑ Ⓒ
22. Ⓐ Ⓑ Ⓒ
23. Ⓐ Ⓑ Ⓒ
24. Ⓐ Ⓑ Ⓒ
25. Ⓐ Ⓑ Ⓒ
26. Ⓐ Ⓑ Ⓒ
27. Ⓐ Ⓑ Ⓒ
28. Ⓐ Ⓑ Ⓒ
29. Ⓐ Ⓑ Ⓒ
30. Ⓐ Ⓑ Ⓒ
31. Ⓐ Ⓑ Ⓒ
32. Ⓐ Ⓑ Ⓒ
33. Ⓐ Ⓑ Ⓒ
34. Ⓐ Ⓑ Ⓒ
35. Ⓐ Ⓑ Ⓒ
36. Ⓐ Ⓑ Ⓒ
37. Ⓐ Ⓑ Ⓒ
38. Ⓐ Ⓑ Ⓒ
39. Ⓐ Ⓑ Ⓒ

Listening

1. Ⓐ Ⓑ Ⓒ
2. Ⓐ Ⓑ Ⓒ
3. Ⓐ Ⓑ Ⓒ
4. Ⓐ Ⓑ Ⓒ
5. Ⓐ Ⓑ Ⓒ
6. Ⓐ Ⓑ Ⓒ
7. Ⓐ Ⓑ Ⓒ
8. Ⓐ Ⓑ Ⓒ
9. Ⓐ Ⓑ Ⓒ
10. Ⓐ Ⓑ Ⓒ
11. Ⓐ Ⓑ Ⓒ
12. Ⓐ Ⓑ Ⓒ
13. Ⓐ Ⓑ Ⓒ
14. Ⓐ Ⓑ Ⓒ
15. Ⓐ Ⓑ Ⓒ
16. Ⓐ Ⓑ Ⓒ
17. Ⓐ Ⓑ Ⓒ
18. Ⓐ Ⓑ Ⓒ
19. Ⓐ Ⓑ Ⓒ
20. Ⓐ Ⓑ Ⓒ
21. Ⓐ Ⓑ Ⓒ
22. Ⓐ Ⓑ Ⓒ
23. Ⓐ Ⓑ Ⓒ
24. Ⓐ Ⓑ Ⓒ
25. Ⓐ Ⓑ Ⓒ
26. Ⓐ Ⓑ Ⓒ
27. Ⓐ Ⓑ Ⓒ
28. Ⓐ Ⓑ Ⓒ
29. Ⓐ Ⓑ Ⓒ
30. Ⓐ Ⓑ Ⓒ
31. Ⓐ Ⓑ Ⓒ
32. Ⓐ Ⓑ Ⓒ
33. Ⓐ Ⓑ Ⓒ
34. Ⓐ Ⓑ Ⓒ
35. Ⓐ Ⓑ Ⓒ
36. Ⓐ Ⓑ Ⓒ
37. Ⓐ Ⓑ Ⓒ
38. Ⓐ Ⓑ Ⓒ
39. Ⓐ Ⓑ Ⓒ
40. Ⓐ Ⓑ Ⓒ
41. Ⓐ Ⓑ Ⓒ

EXAMPLE

YES	NO	NO	NO	NO
Ⓐ Ⓑ ●	Ⓐ Ⓑ Ⓒ✓	Ⓐ Ⓑ Ⓧ	Ⓐ Ⓑ Ⓒ	Ⓐ Ⓑ Ⓒ

Print your name in your first language:

Test Center Name:

Form Code:

Test Date:

SCHOOL USE ONLY
Is Consent Form on file? ◯ Yes ◯ No

1. NAME: Print your name. Using one box for each letter, first print your Given (first) name, then your Family (last) name. Below each box, use a No. 2 pencil and fill in the circle matching the same letter.

GIVEN (FIRST) NAME

FAMILY (LAST) NAME

2. STUDENT NUMBER — Start here

3. DATE OF BIRTH — Month, Day, Year
Jan, Feb, Mar, Apr, May, Jun, Jul, Aug, Sep, Oct, Nov, Dec

4. GENDER
BOY ◯
GIRL ◯

5. COUNTRY CODE

6. LANGUAGE CODE

7. At my school I am in:
- Grade 1
- Grade 2
- Grade 3
- Grade 4
- Grade 5
- Grade 6
- Grade 7
- Grade 8
- Grade 9
- Other

8. I have studied English for:
- 1 year or less
- 2 years
- 3 years
- 4 years
- 5 years
- 6 years or more

9. What test(s) have you taken before?
- TOEFL Primary Step 1
- TOEFL Primary Step 2
- Both
- None

10. GROUP CODE (if assigned)

11. CODE SETS (if assigned)
- CODE SET 1
- CODE SET 2
- CODE SET 3

PAGE 1

Reading

Listening

FINAL TEST for the TOEFL PRIMARY®

Step 2

Answer Key

FINAL TEST for the
TOEFL PRIMARY®

Step 2

Answer Key

Actual Test 1

Reading

1 (C)	2 (A)	3 (A)	4 (A)
5 (B)	6 (A)	7 (C)	8 (C)
9 (A)	10 (B)	11 (B)	12 (B)
13 (C)	14 (A)	15 (B)	16 (A)
17 (C)	18 (B)	19 (C)	20 (B)
21 (C)	22 (A)	23 (B)	24 (A)
25 (C)	26 (B)	27 (C)	28 (A)
29 (C)	30 (B)	31 (B)	32 (C)
33 (A)	34 (C)	35 (B)	36 (A)
37 (C)			

1. 그것은 이야기에 나오는 다른 세상에서 온 생물체입니다. 그것은 우주선을 타고 날며 하늘에서 내려옵니다. 그것은 당신과 다르게 생겼고 새로운 언어로 말합니다. 그것은 _____ 입니다.

   (A) 경고
   (B) 엘리트
   (C) 외계인

2. 사람들은 일을 하고 물건을 만들고 있습니다. 어떤 사람들은 자동차를 만들고 다른 사람들은 금속 부품을 만들기 위해서 불을 사용하고 있습니다. 공기 중에 연기가 납니다. 사람들은 _____ 에서 일하고 있습니다.

   (A) 공장
   (B) 능력
   (C) 실패

3. 가을에는 밖이 추워집니다. 나뭇잎들은 붉은색이나 노란색으로 그들의 색을 바꿉니다. 당신은 거리에서 많은 나뭇잎들을 볼 수 있습니다. 그들은 나무에서 _____ 집니다.

   (A) 떨어지다
   (B) 머무르다
   (C) 자라다

4. 당신은 무엇인가를 찾고 있습니다. 당신은 그것을 찾을 수 없습니다. 당신은 배를 타고 세상을 다니면서 찾습니다. 당신은 지도를 사용합니다. 당신은 _____ 고 있습니다.

   (A) 탐험하고
   (B) 자랑하고
   (C) 스트레칭하고

5. 당신은 당신의 친구가 하는 말을 들을 수 없습니다. 당신의 친구는 입을 더 크게 벌립니다. 당신의 친구는 그것을 계속 말하거나 더 크게 말할 것입니다. 당신의 친구는 _____ 할 것입니다.

   (A) 쏟다
   (B) 소리치다
   (C) 고개를 끄덕이다

6. 당신의 남동생이 저녁식사 시간 짓궂은 말을 합니다. 당신의 남동생은 규칙을 따르지 않습니다. 당신의 부모님은 당신의 남동생에게 화가 납니다. 당신의 남동생은 _____ 합니다.

   (A) 무례한
   (B) 부끄러운
   (C) 강인한

7. 당신은 미술시간을 좋아합니다. 당신은 그림 그리고 색칠할 수 있습니다. 당신은 상상력과 새로운 생각이 풍부합니다. 당신은 혼자 있을 때 곡을 씁니다. 당신은 _____ 입니다.

   (A) 기이한
   (B) 비판적인
   (C) 창의적인

[8-11] 포스터를 읽고 8-11번 질문에 답하세요.

세일! 세일! 세일! 재고 떨이!

ELECTRONIC CITY

이번 주는 저희 가게의 연말 세일 기간입니다.
모든 재고를 정리합니다. TV, 스마트폰, 스마트 워치, 노트북,
모든 재고 정리!
이번 주 금요일 세일 시작합니다.

금요일: 오전 8시 - 오후 9시
토요일: 오전 10시 - 오후 8시
일요일: 오전 11시 - 오후 7시

신상 TV: 30-50% 할인
스마트폰: 1개 사면 1개 무료
신상 노트북: 1개 구매 시 마우스 1개 무료
카메라: 렌즈 2개 구매 시 추가 1개 증정
스마트 워치: 무료 서비스 제품 증정

주의: 노트북은 고객 한 분에 한 개만 구매가능 합니다.

---

8. 한 개 사면 한 개 무료로 받는 품목은 무엇입니까?

   (A) 새로운 노트북
   (B) 카메라 렌즈
   (C) 스마트폰

9. 세일은 언제 시작합니까?

   (A) 금요일
   (B) 토요일
   (C) 일요일

10. 토요일 가게는 언제 문을 닫습니까?

    (A) 오후 7시
    (B) 오후 8시
    (C) 오후 9시

11. 고객 한 명이 한 개만 살 수 있는 것은 어떤 것입니까?

    (A) 신상 TV
    (B) 노트북
    (C) 스마트워치

[12-13] 이메일을 읽고 12-13번 질문에 답하세요.

> 받는 사람: 할머니
> 보내는 사람: Jenny
> 주제: 여름 여행
>
> 잘 지내셨어요? 저는 이번 여름 방학에 토론토를 방문해서 할머니와 보낼 시간이 너무 기다려져요. 할머니가 생각하시기에 이번에는 우리가 CN타워를 방문할 수 있을까요? 제가 들어보니 그것은 높고 도시 전망이 훌륭하다고 해요. 그리고 저는 Blue Birds팀의 야구 경기를 보러 가고 싶어요. 할머니는 야구를 좋아하세요? 저는 그렇게 야구를 좋아하는 것은 아니지만 그 게임이 재미있다는 이야기를 들었어요. 그리고 토론토 동물원에 갈 수 있을까요? 인터넷에서 읽었는데 그 동물원에는 호랑이, 사자, 표범이 있다고 해요. 저는 너무 신나요. 하지만 가장 신나는 일은 할머니와 함께 시간을 보낸다는 거예요.
>
> 많이 사랑해요,
> Jenny 올림

12. 왜 Jenny는 야구 경기에 가고 싶어 합니까?

    (A) 그녀는 야구가 멋지다고 생각한다.
    (B) 그녀는 야구경기가 재미있다고 들었다.
    (C) 그녀는 Blue Birds팀을 정말 좋아한다.

13. 제니는 무엇에 가장 신이 났습니까?

    (A) 토론토 동물원을 방문하는 것
    (B) CN타워에 가는 것
    (C) 할머니와 시간을 보내는 것

[14-15] 이메일을 읽고 14-15번 질문에 답하세요.

> 받는 사람: Alex
> 보내는 사람: Billy
> 주제: 가장 좋았던 영화
>
> 지난 번 너의 이메일에서 "Billy, 네가 지금까지 본 영화 중 가장 좋아하는 영화가 무엇이니" 라고 나에게 물었었지? 내가 그것에 대해서 생각을 많이 했는데 마침내 너에게 해줄 답을 찾았어. 내가 생각하기에 지금까지 본 영화 중 최고의 영화는 "Grate Panda"야.
> 첫 번째로, 그 영화는 Ri와 Master Chen과 같이 정말 재미있는 주인공들이 나오는 멋진 이야기야. 두 번째, 액션과 애니메이션 모두 아주 훌륭해. 특히 풍경과 싸움 장면이 멋지지. 마지막으로 그 영화는 아이들에게 아주 훌륭한 교훈을 주고 있어. 바로 너의 꿈을 절대 포기하지 말라는 거야. 이것이 바로 내가 왜 이 영화를 역대 최고의 영화로 꼽는 이유야. 만약 네가 아직 그 영화를 보지 않았다면 나는 정말 그 영화를 추천해.
>
> 곧 이야기하자.
> Billy가

14. 왜 Billy는 Alex에게 이메일을 하고 있습니까?

    (A) Alex의 질문에 답하기 위해서
    (B) Alex에게 질문하기 위해서
    (C) 영화에 대해 더 배우기 위해서

15. 왜 Billy는 Ri와 Master Chen에 대해서 이야기를 합니까?

    (A) 그가 가장 좋아하는 주인공에 대하여 Alex에게 이야기하기 위해서
    (B) 재미있는 주인공에 대한 예를 들기 위해서
    (C) 그가 영화에 대해 안다는 것을 보여주기 위해서

[16-17] 편지글을 읽고 16-17번 질문에 답하세요.

> Carey삼촌에게
>
> 오늘 아빠가 나에게 삼촌이 Boston을 떠나 Phoenix로 이사 간다는 이야기를 해줬어요. 아빠가 말하길 삼촌이 새로운 직장을 구해서 거기로 이사가는 거라고 했어요. 삼촌에게 행운을 빌고 우리는 삼촌을 그리워할 거라는 말을 하기 위해 편지를 쓰고 싶었어요. 우리는 서로 계속 연락을 주고 받을 거라는 것을 알고 있고 또 제가 삼촌을 만나러 갈 거라는 것도(특히 여름에요) 알고 있어요. 삼촌이 떠나기 전 삼촌의 새로운 모험을 축하하는 파티를 같이 해요. 우리는 삼촌이 가장 좋아하는 Main Street에 있는 이탈리아 식당에 갈 수 있어요. 제가 엄마 아빠에게 식당 예약을 부탁하고 삼촌에게 날짜와 시간을 알려 드릴께요. 그리고 만약 삼촌이 짐을 싸고 옮기는 데 도움이 필요하면 제게 말해주세요.
>
> 곧 만나요.
> Franky 드림

16. Franky는 언제 파티 하기를 원합니까?

    (A) Carey삼촌이 떠나기 전에
    (B) Carey삼촌이 떠난 이후
    (C) Carey삼촌을 방문할 때

17. 왜 Franky는 Main Street를 말했습니까?

    (A) 그곳은 Phoenix에 있는 Carey삼촌의 새로운 집이 있는 곳이다.
    (B) 그곳은 그의 가족이 현재 보스톤에 사는 곳이다.
    (C) 그곳은 Carey삼촌이 가장 좋아하는 식당이 있는 곳이다.

[18-20] 안내문을 읽고 18-20번 질문에 답하세요.

시카고 L트레인 사용하기

바람의 도시, 시카고에 오신 것을 환영합니다. 시카고는 밀레니엄파크부터 윌리스타워까지 볼 것이 아주 많습니다. 시카고와 시카고의 관광명소를 둘러보는 좋은 방법은 L트레인을 이용하는 것입니다. 시카고에서 L트레인이라고 불리는 이유는 "L"이 elevated(지면보다 높은)을 나타내기 때문입니다. L트레인의 일부 구간은 지면보다 높은 트랙 위에서 달립니다. 그것은 이용하기 아주 편리합니다. 여기 사용법을 보세요.

1. 여행을 계획하기: 열차역에 가기 전 여러분은 여러분이 어디로 가는지를 알고 있나 확인하세요. 여러분과 가장 가까이 있는 역을 찾기 위해서는 지도를 보세요. 또한 도착할 역도 찾아보세요.
2. 표 사기: 여러분이 가야 하는 역을 알고 있다면 당신은 표를 살 준비가 되었습니다. 편도구간 표를 사기 위해서는 자동 판매기를 이용하세요.
3. 자동 판매기 사용하기: 목적지 역을 선택하고 돈을 넣으세요. 당신은 편도행 표를 얻게 될 것입니다. 자동 판매기에서는 현금만 사용할 수 있습니다.
4. 입구로 들어가기: 입구에 도착하면 표를 작은 틈으로 넣습니다. 표를 가지고 있으세요. 당신이 종착역에 도착했을 때 나가기 위해 또 필요할 것입니다.

이제 당신은 갈 준비가 되었습니다. 시카고에는 8개의 전철라인이 있어 도시 구석구석 갈 수 있습니다. 즐거운 시간 보내시고 사진도 많이 찍으세요!

18. 그 열차는 왜 "L트레인"이라고 불립니까?

(A) 왜냐하면 그것은 바람의 도시에 있기 때문에
(B) 왜냐하면 그것은 지면보다 높은 곳을 달리는 열차이기 때문에
(C) 왜냐하면 그것은 긴 열차이기 때문에

19. 왜 사람들은 입구를 들어온 후 표를 계속 가지고 있어야 합니까?

(A) 당신은 사진을 위해 그것이 필요합니다.
(B) 당신은 요금을 지불하기 위하여 그것이 필요합니다.
(C) 당신은 역을 나가기 위하여 그것이 필요합니다.

20. 표를 사기 위해 목적지 역을 선택한 후 당신은 무엇을 해야 합니까?

(A) 문으로 들어갑니다.
(B) 자동 판매기에 돈을 넣습니다.
(C) 표를 작은 틈에 넣습니다.

[21-23] 안내문을 읽고 21-23번 질문에 답하세요.

간식시간!

많은 사람들에게 하루 중 가장 좋은 시간은 간식 시간입니다. 당신은 앉아서 쉬면서 당신이 가장 좋아하는 간식을 즐기죠. 오늘 당신은 바삭바삭한 그래놀라 프렛즐바를 만드는 방법을 배울 것입니다. 그것은 아주 맛있고 만들기도 쉬워요. 준비 되었나요?

당신이 필요한 것:
- 다크 초콜렛칩 한 팩
- 24개 막대 프렛즐
- 그래놀라 한 컵

방법:
1) 초콜렛칩을 유리 계량컵에 넣습니다.
2) 전자레인지에 계량컵을 넣고 15-20초 돌립니다.
3) 계량컵을 꺼냅니다. 계량컵이 조금 뜨거울 수 있으므로, 만지기 전 조심하세요.
4) 쵸콜렛이 부드러워 질 때까지 저어주세요.
5) 크고 얇은 접시 한 쪽에 녹은 쵸콜렛을 붓고, 접시의 다른 한 쪽은 빈 채로 남깁니다.
6) 초콜렛에 프렛즐을 굴리세요. 하지만 프렛즐의 2/3에만 쵸콜렛을 묻혀야 합니다.
7) 초콜렛이 떨어지게 두세요. 그런 다음 그레놀라를 프렛즐 위에 뿌립니다.
8) 왁스 페이퍼 위에 프렛즐을 두고 약 5분 정도 식힙니다.

이제 다음 간식시간이 돌아오면 당신은 이 만들기 쉬운 간식을 먹으면 됩니다. 만약 간식시간까지 기다리고 싶지 않다면 친구나 형제자매를 위한 멋진 선물로 만들 수 있어요. 또는 반 친구들과 나눌 수도 있습니다.

21. 제일 먼저 계량컵에 무엇이 들어갑니까?

(A) 프렛즐
(B) 그레놀라
(C) 초콜렛칩

22. 녹은 초콜렛은 어디에 부어야 합니까?

(A) 얇은 접시 한 쪽
(B) 계량컵에 다시
(C) 프렛즐 위에

23. 왜 프렛즐을 왁스 페이퍼 위에 두어야 합니까?

(A) 초콜렛이 떨어지도록 두기 위해
(B) 그것들을 식히기 위해
(C) 그래놀라 위에 뿌리기 위해

[24-27] Sam과 Hannah의 이야기를 읽고 24-27번 질문에 답하세요.

"안녕 Sam, 여름 캠프가 끝나가고 있는데 기분이 어때? Hannah가 물었습니다. "난 좀 복잡한 마음이야. 부모님과 친구들, 그리고 나의 강아지를 다시 만난다는 것은 신나. 하지만 떠난다는 것이 슬프기도 해. 난 이번 여름 캠프를 정말 좋아했거든. Hanna 너를 만나게 된 것도 너무 기뻐." Sam이 대답했습니다.
"맞아. 나도 같은 기분이야. 이번 여름 캠프에서 가장 좋았던 부분은 무엇이었니?" Hannah가 물었습니다.
Sam과 Hannah는 Adventure Camp라고 불리는 여름 캠프의 일원이었습니다. 매년 여름, 캠프는 다른 국립공원을 가서 그 해 여름을 거기에서 보냅니다. 올해 캠프는 와이오밍주의 엘로우스톤 국립공원 이었습니다.

"내가 가장 좋았던 것은 암벽등반을 배웠던 거야. 그것은 내가 할 수 있을 것이라고 생각해 본 적이 없거든. 넌 어떤 것이 좋았어?" Sam이 물었습니다.
"나는 옐로스톤 국립공원에 대해 배웠던 것이 좋았어. 얼마나 멋진 곳이니! 우리는 간헐온천, 늪소, 늑대 그리고 아름다운 자연 온천들을 볼 수 있었어." Hannah가 신나서 말했습니다.
"나는 부모님께서 도착하시기 전에 짐을 싸야 할 것 같아. 우리 소셜미디어를 통해 계속 연락하자. 내년에 만나!" Sam이 말했습니다.
"그래, 계속 연락하자. 내년 여름 캠프에서 만나. 내가 듣기로는 우리가 아리조나주 그랜드캐년 국립공원으로 간다나봐. 너무 기다려져." Hannah가 그녀의 새로운 친구에게 손을 흔들면서 헤어지는 인사를 건네고 걸어나가며 답했습니다.

24. 무엇에 대한 이야기입니까?

(A) Sam과 Hannah의 캠프 경험
(B) 옐로스톤 국립공원
(C) Sam과 Hannah의 오랜 우정

25. Sam이 가장 좋아했던 캠프 활동은 무엇이었습니까?

(A) 옐로스톤 국립공원에 대하여 배웠던 것
(B) 캠프에서 새로운 친구를 사귄 것
(C) 암벽등반을 배운 것

26. Hanna와 Sam은 어떻게 서로 연락을 주고 받을 예정입니까?

(A) 전화로
(B) 소셜미디어를 통해
(C) 편지를 써서

27. 다음 Adventure Camp는 어디서 열릴 예정입니까?

(A) 옐로스톤 국립공원
(B) 와이오밍주
(C) 아리조나주

[28-31] Adam과 Ken에 대한 이야기를 읽고 28-31번 질문에 답하세요.

"Adam, 어젯밤 오스트레일리아 오픈에서 Roger Federer의 경기를 봤니?" Ken이 신이나서 물었습니다. Ken과 Adam은 엄청난 테니스 팬입니다. Ken은 Federer를 Adam은 Rafael Nadal을 좋아합니다. 그들은 자주 테니스에 대하여 이야기 한 후 나가서 테니스를 칩니다.
"응, 봤어. Federer가 굉장히 잘 하던데. 하지만 Nadal도 잘 했어. 내 생각에 그 두 사람이 결승전에 갈 것 같아." Adam이 답했습니다. 많은 사람들이 Federer과 Nadal 두 사람이 역대 최고의 테니스 선수라고 믿습니다. 이것을 말하는 용어로 GOAT가 있는데 이것은 Greatest of All Time(역대최고)를 의미합니다. Adam과 Ken은 이와 관련하여 계속 논쟁 중입니다.
"만약 그들이 경기를 하면 Federer가 또 이길 거야. 너 겁먹었구나. 너가 겁 먹은 거 알고 있어." Ken이 Adam을 놀립니다.
"좋아. 그만하자. 우리 가서 경기하자." Adam이 짜증을 내면서 말했습니다. 논쟁이 너무 심해지면 Adam은 항상 Ken에게 게임을 도전하면서 끝을 냅니다.

"지금 경기를 하고 싶어? 나 숙제 해야 해. 그리고 지금 거의 어두워졌어." Ken이 답했습니다.
"너 겁나는 구나. 내가 이해해. 우린 나중에 너가 겁먹지 않을 때 경기하자." Adam이 말했습니다. 이제 Adam이 Ken을 놀리고 있습니다. Ken은 아담에게 놀림 당하는 것을 좋아하지 않았습니다. 특히 테니스와 관련해서는요. Ken은 테니스 경기 후 숙제를 하기로 결심했습니다. 근처에 전등이 있는 경기장이 있었습니다.
"질 준비 됐어, Adam?" Ken이 경기를 시작하면서 농담을 했습니다. Ken은 서브를 잘 넣고 Adam은 발이 빠릅니다. 경기 결과는 항상 막상막하 입니다.
몇 시간 후 그들은 경기를 끝냈습니다. Ken과 Adam의 경기는 Federer과 Nadal의 경기와 같았습니다. 그러나 친구 사이에 누가 이기고 지는지는 중요하지 않습니다. 중요한 것은 두 사람 모두가 (경기를) 즐겼다는 사실입니다.

28. 무엇에 대한 이야기입니까?

(A) Adam과 Ken의 테니스 경기
(B) Adam과 Ken의 테니스 경기 보기
(C) Adam과 Ken이 유명한 테니스 선수를 만남

29. Ken이 생각하는 역대 최고 테니스 선수는 누구입니까?

(A) 자신
(B) Rafael Nadal
(C) Roger Federer

30. 처음에 Ken은 왜 테니스게임 하는 것을 원치 않았습니까?

(A) 그는 너무 피곤했다.
(B) 그는 해야 할 숙제가 있었다.
(C) 그는 Federer 경기를 보길 원했다.

31. 누가 서브를 잘 넣습니까?

(A) Adam
(B) Ken
(C) Nadal

[32-33] 레드우드에 대하여 읽고 32-33번 질문에 답하세요.

1963년 내셔널 지오그래픽 협회, 또는 NGS에서는 살아있는 것들의 에베레스트 산을 찾는 미션을 시작했습니다. 이 말은 그들이 살아있는 식물 중 가장 키가 큰 것을 찾기 원했다는 말입니다. NGS는 어디에서 시작해야 하는지 알고 있었습니다. 바로 캘리포니아 북부입니다. 그곳은 레드우드 컨트리라고 불리는 곳으로 레드우드가 자라는 유일한 곳입니다. 이 시기 사람들은 레드우드가 지구에서 가장 큰 나무라고 믿고 있었으나 확실하지는 않았습니다. 약 1년에 걸친 탐사활동과 측정끝에 NGS는 두 가지를 알아냈습니다. 첫 번째, 레드우드는 지구에서 가장 큰 나무라는 것입니다. 두 번째, 가장 큰 레드우드 나무는 Howard Libbey라는 이름을 가지고 있는데 놀랍게도 높이가 362피트나 됩니다. NGS의 노력 덕분에 우리는 이제 레드우드가 지구에서 가장 큰 나무라는 사실을 알고 있습니다.

32. 1963년 내셔널 지오그래픽 위원회의 임무는 무엇이었습니까?

(A) 레드우드 나무 찾기
(B) 에베레스트산 찾기
(C) 살아있는 식물 중 가장 키가 큰 식물 찾기

33. NGS가 가장 큰 나무를 찾는데 얼마나 걸렸습니까?

(A) 약 1년
(B) 약 6개월
(C) 약 2년

[34-35] Harriet Tubman에 대하여 읽고 34-35번 질문에 답하세요.

> Harriet Tubman은 19 세기 메릴랜드에서 노예로 태어났습니다. 이 기간 동안 미국 남부에서는 노예 제도가 여전히 흔했습니다. 그러나 북부에서는 불법이었습니다. 따라서 노예들은 남쪽의 끔찍한 삶에서 도망쳐 북쪽의 자유에 도착하려고 시도했습니다. 1849년 Harriet Tubman은 도망치기로 결심했습니다. 이것은 매우 위험했습니다. 그래서 Harriet Tubman이 Underground Railroad를 발견한 것은 아주 운이 좋은 일이었습니다. 이것은 실제 철도가 아니라 도망간 노예들이 숨는 안전한 은신처 시스템이었습니다. Underground Railroad 덕분에 Harriet Tubman은 북부에 안전하게 도착할 수 있었고 그녀의 자유를 찾을 수 있었습니다. 그리고 Tubman은 자신이 다른 사람들이 자유를 찾도록 도와야 한다는 것을 알고 있었습니다. 그녀는 Underground Railroad의 일부가 되어 300 명이 넘는 노예들이 탈출할 수 있도록 도왔습니다. Tubman은 노예로 태어났지만 자유롭고 진정한 영웅으로 죽기를 선택했습니다.

34. 왜 노예들은 북부로 가기 원했습니까?

(A) Underground Railroad를 이용하기 위해
(B) 더 나은 일을 찾기 위해
(C) 노예제로부터 자유롭기 위해

35. Tubman은 자신의 자유를 찾은 후 무엇을 했습니까?

(A) 그녀는 Underground Railroad를 시작했다.
(B) 그녀는 수백 명의 노예들이 탈출하는 것을 도왔다.
(C) 그녀는 북부에 도착하여 노예들을 찾았다.

[36-37] 광년에 대하여 읽고 36-37번 질문에 답하세요.

> 우주는 거대하고 그 안에 있는 행성들과 항성들은 매우 멀리 떨어져 있습니다. 따라서 우주의 물체 사이의 거리를 측정할 때 과학자들은 지구에서 우리가 사용하는 것과 같은 측정법, 예를 들어 인치, 피트 또는 마일을 사용할 수 없습니다. 훨씬 더 큰 유형의 측정법을 사용해야 합니다. 그들이 사용하는 측정법은 광년이라고 하며, 이는 1년 동안 빛이 이동할 수 있는 거리입니다. 빛은 1초에 300,000킬로미터를 이동할 수 있습니다. 1년에 10 조 킬로미터를 여행할 수 있습니다. 물체가 우리로부터 10 조 킬로미터 떨어져 있다면, 우리는 그냥 1광년 떨어져 있다고 말할 수 있습니다. 광년이 사용되는 방법을 이해하고, 우주가 얼마나 큰 지 알아보기 위해 예를 살펴보겠습니다. 우리 태양계에서 가장 가까운 별은 Alpha Centauri입니다. 빛이 지구에서 이 별에 도달하려면 4.3 년 걸리므로 그 별은 4.3 광년 떨어져 있는 것입니다. 우리가 가장 빠른 로켓을 타고 이 별에 도착하려면 약 81,000년이 걸립니다. 또 다른 예는 우리 은하입니다. 우리는 Milky Way 은하에 살고 있으며 한 쪽 끝에서 다른 쪽 끝까지는 약 20 만 광년입니다.

36. 지문에 따르면 광년은 무엇입니까?

(A) 빛이 1년에 이동할 수 있는 거리
(B) 빛이 다른 물체로 이동할 수 있는 거리
(C) 빛이 우주를 이동할 수 있는 거리

37. Alpha Centauri는 지문에서 왜 언급되었습니까?

(A) 우주에 얼마나 큰 물체가 있는지 보여주기 위해
(B) 우주에서 별이 어떻게 이동하는지 논의하기 위해
(C) 광년을 사용하는 예를 들기 위해

Listening

1 (C)	2 (B)	3 (A)	4 (B)
5 (B)	6 (C)	7 (C)	8 (A)
9 (B)	10 (A)	11 (A)	12 (A)
13 (B)	14 (A)	15 (B)	16 (C)
17 (A)	18 (A)	19 (C)	20 (A)
21 (B)	22 (B)	23 (B)	24 (A)
25 (C)	26 (A)	27 (B)	28 (C)
29 (A)	30 (B)	31 (C)	32 (C)
33 (C)	34 (C)	35 (C)	36 (C)
37 (B)	38 (A)	39 (A)	

1.
> G: Dad, last night we had chicken for dinner. Can you please call and order a pizza from my favorite restaurant tonight? Mom doesn't want to cook, and I am very hungry.

G: 아빠, 어젯밤에 저녁으로 치킨을 먹었잖아요. 오늘 밤에는 제가 제일 좋아하는 식당에 전화해서 피자를 주문해주실 수 있어요? 엄마는 요리하고 싶지 않다고 하시고, 저는 배가 많이 고파요.

2.
> M: Jane, I like when you sing in the car. But I need to hear the radio news in a minute. Can you stop singing and turn the radio on, please? After the news you can keep singing all the way home.

M: Jane, 아빠는 네가 차에서 노래 부를 때가 좋단다. 하지만 곧 라디오 뉴스를 들어야 한단다. 노래하는 것을 멈추고 라디오를 켜주겠니? 뉴스 끝나고 나서는 집에 가는 동안 내내 노래를 불러도 된단다.

3. W: Welcome to our Art Museum. I am going to show you the most famous paintings first. So, please walk left down the hallway. Down the right hallway are many different kinds of sculptures. We will look at those later.

W: 저희 미술관에 오신 것을 환영합니다. 먼저, 가장 유명한 회화작품들을 여러분께 보여드리겠습니다. 그럼, 복도를 따라 왼쪽으로 걸어가주세요. 복도를 따라 오른쪽으로는 많은 다양한 종류의 조각품들이 있습니다. 그것들은 나중에 보도록 하겠습니다.

4. M: There's something very important that happened on the news today. Please close all your books and notebooks, and then look up at the screen. You don't need to put your books in your backpack. After watching the news, we will have a ten minute break.

M: 오늘 매우 중요한 일이 발생했다는 뉴스가 있어요. 모두 책과 공책들을 덮고 화면을 봐주세요. 책들을 가방에 넣을 필요는 없어요. 뉴스를 본 후에 10분간 휴식을 할 거에요.

5. G: Hi, Jean. My favorite movie about two best friends is playing at the theater. Would you want to come with me? How about asking your mom? I even have an extra ticket. So, if we go together, you don't have to buy a ticket.

G: 안녕, Jean. 친한 친구 두 명이 나오는 내가 제일 좋아하는 영화가 극장에서 상영 중이야. 나랑 같이 보러 갈래? 너의 엄마께 여쭤보는 게 어때? 나한테 여분의 티켓까지 있어. 그러니까 우리가 같이 가면, 너는 티켓을 사지 않아도 돼.

6. W: Have you practiced your violin today? Your concert is this Friday and the whole family is coming to watch you play. Take your violin from the living room and go to your room where it is quiet. Nothing will distract you there, so you can concentrate more.

W: 너 오늘 바이올린 연습했니? 콘서트가 이번 금요일이고, 온 가족이 네가 연주하는 것을 보러 갈 거야. 거실에 있는 바이올린 가지고 조용한 네 방으로 가렴. 거기서는 아무 것도 너를 방해하지 않을 테니 더 집중할 수 있을 거야.

7. M: Tennis practice will be a little difficult today. The goal is to hit the ball over the net to the player on the other side. Roger, place your right hand at the bottom of your racket and your left hand just above it. Remember to use both of your hands to hold the racket when hitting the ball.

M: 오늘 테니스 연습은 조금 어려울 거다. 목표는 공을 네트 너머 반대편에 있는 선수에게 보내는 거다. Roger, 오른 손은 라켓의 아래 부분에, 왼손은 바로 그 위에 올려 놓아라. 공을 칠 때 두 손으로 라켓을 잡는 것을 기억해라.

8. M: Today we are going on a field trip to the zoo.
B: Can we please go to the space museum this time?
M: Why do you want to go to the space museum?
B: I have read about the stars and the planets recently. They made me very curious about outer space.
M: That's very good to hear. I hope we can visit the space museum some other time.

M: 오늘 우리는 동물원으로 현장학습을 갈 거에요.
B: 이번에는 우주 박물관으로 갈 수 있을까요?
M: 왜 우주 박물관에 가고 싶니?
B: 최근에 별과 행성에 대해 읽었어요. 그것들이 우주 공간에 대해 매우 궁금해지게 만들었어요.
M: 그 얘기를 들으니 아주 좋은데. 나중에 우리가 우주 박물관을 방문할 수 있기를 바란다.

소년은 어디로 현장학습을 갈까요?

(A) 동물원으로
(B) 과학 박물관으로
(C) 우주 박물관으로

9. G: Ms. Wright, have you seen my new colored pencils?
W: No, I haven't. Do you need them for our school art project today?
G: No, I bought them to use for a coloring contest.
W: Will you draw your pet dog for that contest?
G: No, we're supposed to color a landscape for this one.
W: I see. Well, I hope you find your colored pencils soon.

G: Wright 선생님, 새로 산 제 색연필 보셨어요?
W: 아니, 못 봤는데. 오늘 있는 교내 아트 프로젝트에 그것들이 필요한 거니?
G: 아니오, 색칠하기 대회에 쓰려고 샀어요.
W: 그 대회에서 너는 네 애완견을 그릴 거니?
G: 아니오, 이번에는 풍경을 색칠하도록 되어 있어요.
W: 그렇구나. 자, 얼른 네 색연필들을 찾았으면 좋겠구나.

소녀는 왜 새 색연필들을 샀습니까?

(A) 그녀의 애완견을 그리려고
(B) 색칠하기 대회를 위해서
(C) 교내 아트 프로젝트를 위해서

10. G1: Are you going to audition for the school play?
G2: I'm not sure. I don't really want to sing a solo by myself.
G1: Don't feel embarrassed. I think you would do a great job.
G2: Thanks. I like singing with a group of people like in last year's play.
G1: I understand that, but you have such a great singing

voice! Do you want me to come with you?
G2: Yes, thanks for being such a good friend.

G1: 너 학교 연극 오디션 보러 갈 거야?
G2: 잘 모르겠어. 정말이지 혼자 독창하고 싶지는 않거든.
G1: 부끄러워하지 마. 넌 훌륭히 해 낼 거야.
G2: 고마워. 작년 연극에서처럼 다른 사람들과 함께 노래 부르는 것이 좋아.
G1: 이해해, 하지만 너의 노래하는 목소리는 정말 멋져! 내가 같이 가줄까?
G2: 응, 이렇게 좋은 친구가 되어줘서 고마워.

소녀는 왜 학교 연극에 대해 그렇게 초조해 합니까?

(A) 혼자 노래 부르는 것이 두려워서
(B) 친구들과 함께 노래를 불러야 해서
(C) 작년 연극에서 잘 하지 못해서

11.
W: Hello, welcome to Flowers by Fiona. How can I help you today?
G: Hi, my mom's birthday is tomorrow. So, my dad said I could pick out flowers for her.
W: Excellent! Do you know what your mom's favorite flowers are?
G: I think they're red roses. But I really like white daisies because they're so pretty.
W: How about a flower that smells good? Like white lilies?
G: Lilies are beautiful! I'll take those.
W: Sounds good. I'll also add in some lavender flowers as well. They smell wonderful, too.

W: 안녕하세요, Flowers by Fiona에 오신 것을 환영합니다. 오늘은 무엇을 도와드릴까요?
G: 안녕하세요. 내일이 엄마 생신이에요. 그래서 아빠가 저보고 엄마께 드릴 꽃을 고르라고 하셨어요.
W: 훌륭하네요! 엄마가 가장 좋아하시는 꽃이 뭔지 알아요?
G: 빨간 장미일거에요. 그런데 저는 흰 데이지 꽃이 아주 예뻐서 정말 좋아해요.
W: 좋은 향기가 나는 꽃은 어때요? 흰 백합처럼요?
G: 백합이 아름답죠! 그걸로 할게요.
W: 좋아요. 라벤더 꽃도 조금 넣어줄게요. 역시 향기가 기가 막히거든요.

소녀의 엄마는 무슨 꽃을 제일 좋아합니까?

(A) 붉은 장미
(B) 흰 백합
(C) 흰 데이지

12.
W: Hello, Jordan. What are you reading?
B: Hi, Mrs. Watson. I am reading a book about bird habitats.
W: Do you know that I visited the rainforest and studied many different kinds of birds that live there?
B: No, I didn't. That's awesome! I'm glad we share the same interest in birds.
W: I agree. What have you learned so far from the book?
B: That most of the world's 10,000 species of birds are found in the tropics.
W: That is fascinating! Can I please borrow the book when you are done reading it?
B: Of course, Mrs. Watson.

W: 안녕, Jordan. 무엇을 읽고 있니?
B: 안녕하세요, Watson 선생님. 조류 서식처에 관한 책을 읽고 있어요.
W: 선생님이 열대 우림에 가서 거기서 서식하는 많은 다양한 종류의 새들을 연구했었다는 거 알고 있니?
B: 아니오, 몰랐어요. 굉장하네요! 선생님과 제가 똑같이 새에 대해 관심이 있다니 기뻐요.
W: 나도 그렇단다. 지금까지 책을 읽고 어떤 걸 알게 되었니?
B: 지구에 사는 1만여 종의 새의 대부분이 열대지방에서 발견된다는 것이요.
W: 대단히 흥미롭구나! 네가 책을 다 읽으면 내가 그 책을 빌려도 될까?
B: 물론이죠, Watson 선생님.

선생님은 소년이 무엇을 하기를 바랍니까?

(A) 그녀가 책을 읽도록 해주기
(B) 그녀에게 그가 가장 좋아하는 책을 말해주기
(C) 열대 우림에 대해 배우기

13.
M: What would you like to do tonight since your mother is working late?
G: We should cook dinner, and then let's go see a movie in the theater.
M: Have you seen the Little Mermaid movie yet?
G: I have seen that movie two times. Once with my mom and the other time with my friend.
M: Well, since you've already seen it, how about The Lion King?
G: I haven't seen that one yet. But I'd rather see an action movie like Batman.
M: Action movies are the best. But I do really like The Lion King because of the music.
G: I agree. We should not miss the music.
M: Super! Let's go with that.

M: 너의 엄마가 늦게까지 일하신다는데 너는 오늘 밤에 무엇을 하고 싶니?
G: 우리 저녁식사 준비하고, 그리고 나서 극장으로 영화 보러 가요.
M: 너 인어공주 영화 벌써 봤니?

G: 그 영화 두 번 봤어요. 한 번은 엄마랑, 다른 한 번은 친구랑 봤어요.
M: 그럼, 네가 그 영화를 이미 봤으니, 라이언 킹은 어때?
G: 그건 아직 못 봤어요. 그런데 배트맨 같은 액션 영화가 나올 거 같아요.
M: 액션 영화가 최고지. 그런데 음악 때문에 나는 라이언 킹이 정말 좋거든.
G: 그건 그래요. 우리가 그 음악을 놓쳐서는 안 되죠.
M: 좋았어! 그걸로 하자.

소녀는 무슨 영화를 볼까요?

(A) 배트맨
(B) 라이언 킹
(C) 인어 공주

14.
B: Is there an easy way to find a book here in the library? I'm having trouble.
W: Of course, let me teach you how to find a book using the computer.
B: How does a computer help make it easier?
W: The computer can search through all the books we have here quickly and tell you exactly where the book is.
B: Oh, that's really neat.
W: I'll show you how to create an account using your name and password. Then I'll show you how to search for a book using the computer. What book are you looking for?
B: I am looking for a book about plants for my English paper.

B: 여기 도서관에서 책을 찾는 쉬운 방법이 있을까요? 제가 애를 먹고 있어요.
W: 물론이지, 컴퓨터를 이용해서 책을 찾는 방법을 알려줄게.
B: 컴퓨터가 어떻게 그걸 쉽게 해주죠?
W: 우리가 여기 소장하고 있는 모든 책들을 컴퓨터가 빠르게 검색해서 책의 위치를 정확하게 알려준단다.
B: 아, 그건 정말 훌륭하네요.
W: 네 이름과 비밀번호를 가지고 계정을 생성하는 법을 보여 줄게. 그리고 나서 컴퓨터로 책을 검색하는 것을 알려줄게. 무슨 책을 찾고 있지?
B: 제 영어 과제에 쓸 식물에 관한 책을 찾고 있어요.

소년은 무엇을 제일 먼저 할까요?

(A) 계정을 만든다
(B) 영어 과제를 끝낸다
(C) 컴퓨터로 책을 검색한다

15.
M: Hi, Dale. It's Mr. Marcus calling from the school. Tomorrow's field trip will require you to bring a lunch. There will be no restaurants at the park, so you cannot buy food there. The school will provide snacks for you, but not a meal. I'm sorry to be calling on such short notice, but the cafeteria just informed me of this decision.

M: 안녕, Dale. 학교 Marcus 선생님이란다. 내일 현장학습에 점심 도시락을 가져오도록 해라. 공원에 식당이 없어서 거기서 음식을 살 수 없을 거다. 학교에서 간식은 제공할 테지만, 식사는 주지 않는다. 이렇게 갑작스럽게 통보해서 미안하구나, 하지만 구내 식당에서 방금 이 결정을 알려왔단다.

Dale은 내일 무엇을 할까요?

(A) 간식을 챙긴다
(B) 점심 도시락을 가져간다
(C) 식당에 간다

16.
B: Hi, Monica. This is Blake calling. I was talking to my brother about all the different kinds of turtles that live on earth. And we were wondering how big sea turtles grew. I remember you telling me that you grew up living by the ocean and that you loved the sea turtles. Do you know how big they can get? Call me back if you know the answer please.

B: 안녕, Monica. 나 Blake야. 나는 남동생이랑 지구에 사는 온갖 다양한 종류의 거북이에 대해서 얘기하고 있었어. 그러다 우리는 바다 거북이들이 얼마나 크게 자라는지 궁금해졌어. 네가 바닷가에서 살며 자랐고, 바다 거북이를 좋아한다고 나한테 말했던 걸 기억해. 그것들이 얼마나 크게 자랄 수 있는지 너는 아니? 답을 알고 있으면 나에게 전화해줘.

Blake는 왜 전화를 했습니까?

(A) Monica에게 그녀의 어린 시절을 상기시켜주려고
(B) Monica에게 바다 거북이 크기를 재달라고 부탁하려고
(C) Monica에게 바다 거북이 크기에 대해 물어보려고

17.
W: Hey, Lilly. It's your mother calling. I need to schedule you a hair appointment. Your hair is getting really long and it needs to be cut. Your piano concert is in three days, and I want you to look nice. I know you have volleyball practice after school on Tuesdays and Thursdays, but is your Friday open? If so, we could go to the hair salon then. Please let me know as soon as possible. Thanks.

W: 안녕, Lilly. 엄마야. 네 미용실 예약을 잡아야겠어. 네 머리카락이 점점 길어지는데 좀 잘라야겠더라. 네 피아노 콘서트가 3일 후에 있는데 예쁘게 보여야지. 화요일과 목요일에는 방과 후에 배구 연습이 있는 거 아는데 금요일은 비어 있니? 그렇다면, 그 때 같이 미용실에 가면 되겠구나. 가능하면 빨리 알려줘. 고마워.

Lilly의 엄마는 무엇에 대해 전화했습니까?

(A) Lilly의 일정
(B) Lilly의 피아노 콘서트
(C) Lilly의 배구 연습

18.
W: Hello, Henry. This is your grandmother calling. I am planning to knit all of my grandchildren hats and socks for the winter. It's going to be cold soon, so I thought I should make you something to keep you warm. What size are your feet? The hats will be easy to measure but the socks are more difficult. I bought colorful yarn that I'm so excited to use. I can't wait to start knitting the hats and socks.

W: 안녕, Henry. 할머니야. 할머니는 겨울을 대비해서 손주들에게 줄 모자와 양말을 뜰 계획이란다. 곧 추워질 거라 너희들을 따뜻하게 해줄 무언가를 만들어야겠다고 생각했단다. 네 발 사이즈가 어떻게 되지? 모자는 치수를 재기가 쉬울 텐데 양말은 더 어렵구나. 할머니가 알록달록한 털실을 샀는데 그걸로 뜨려니 아주 즐겁구나. 얼른 모자와 양말들 뜨기를 시작하고 싶구나.

Henry의 할머니는 왜 전화를 했습니까?

(A) Henry의 발 치수를 물어보려고
(B) Henry에게 그녀의 색이 화사한 모자에 대해 말해주려고
(C) Henry에게 추운 날씨를 조심하라고 하려고

19.
W: Hello, Peggy. This is Karen calling from Dress to Impress. You were at our store the other day when we were having a big sale. You couldn't buy the yellow dress you loved because we didn't have it in your size. But now we do! The new orders just arrived today. If you still want the dress, please come by soon before they are sold out. They are very popular right now because of the spring weather.

W: 안녕하세요, Peggy. Dress to Impress에서 근무하는 Karen이에요. 며칠 전에 저희가 대대적인 세일을 할 때 당신이 우리 가게에 왔었죠. 당신이 좋아했던 노란 드레스를 사이즈가 없어서 못 샀잖아요. 그런데 이제 있어요. 새로 주문한 게 오늘 방금 도착했거든요. 아직도 그 드레스를 원한다면 다 팔리기 전에 빨리 들르세요. 그게 봄 날씨 때문에 요즘에 매우 인기가 있어요.

옷 가게 직원은 왜 전화를 했습니까?

(A) Peggy에게 노란 드레스가 세일하고 있다고 말해주려고
(B) Peggy에게 노란 드레스가 더 이상 남아 있지 않다고 말해주려고
(C) Peggy에게 그녀에게 맞는 사이즈의 노란 드레스가 있다고 말해주려고

20.
G: Hi, Caroline. It's Molly. I know we were going to go shopping at the mall later today, but my mom is taking me to the hospital because I do not feel well. Last night I had a very high temperature, and today my head and throat both hurt. This past week at school, many kids have been catching colds. I even wore a mask to try to prevent getting sick, but it seems to not have helped much. Maybe we can go shopping next week if I feel better.

G: 안녕, Caroline. 나 Molly야. 우리 오늘 늦게 쇼핑 센터로 쇼핑 가기로 했는데 내가 몸이 좋지 않아서 엄마께서 나를 병원에 데려가신대. 어젯밤에는 열이 아주 높았고, 오늘은 머리와 목이 둘 다 아파. 이번 한 주 동안 학교에서 많은 아이들이 감기에 걸렸잖아. 난 감기에 안 걸리려고 심지어 마스크도 썼었는데 별로 도움이 안 되었던 거 같아. 내가 괜찮아지면 다음 주에 우리 쇼핑 갈 수 있을 거야.

Molly는 오늘 무엇을 할까요?

(A) 병원에 간다
(B) 집에 가서 쉰다
(C) 쇼핑 센터에 쇼핑하러 간다

21.
W: Hello, Jerry. This is your teacher, Ms. Lee, calling. I apologize for not helping you with your book report while we were in the library today. One of the librarians went on vacation for the week, so they need extra help from me. Plus, there were so many students struggling to find their books. I'm guessing tomorrow will be the same. Could you help me with the students tomorrow? It will save some of my time. That way, you and I would have time to sit down and look through your report together.

W: 안녕, Jerry. Lee 선생님이야. 오늘 도서관에 있을 때 네 독서 감상문을 도와주지 못해서 미안하구나. 사서 선생님 중 한 분이 이번 주에 휴가를 가셔서 나보고 좀 도와달라고 하셨어. 게다가, 책을 찾는데 어려움을 겪는 학생들이 매우 많았어. 아마 내일도 똑같을 거야. 내일 내가 그 학생들을 지도하는 걸 도와줄 수 있니? 그러면 내 시간이 좀 절약될 거야. 그래야 너와 내가 앉아서 네 감상문을 함께 검토해볼 시간이 생길 거 같아.

Jerry 내일 도서관에서 무엇을 할까요?

(A) 그의 책을 찾는다.
(B) 다른 학생들을 도와준다.
(C) 그의 독서 감상문을 끝낸다.

[22-25]

M: Ben is a pretty popular boy. He has many friends, but sometimes they like to get Ben in trouble.

On this day, his friends wanted Ben to go into an empty building. It looked very dark and scary from the outside. Ben was nervous about going into the building alone. "Will one of you come with me?" asked Ben. "No, don't be scared, just do it!" teased his friends.

Ben slowly walked toward the entrance. He gently opened the door to the building and dust got in his eyes. There was a rotten smell coming from inside that made Ben's stomach turn.

RING, RING! Ben's cell phone shrieked from his pocket. It was his mother calling just in time to stop him from going in. "Mom, I am so thankful you called," said Ben in a panicked voice. "Are you OK? Do you want your father to come and pick you up?" asked his mother. "Yes, please. Tell him to come quickly," replied Ben.

On the ride home, Ben's father explained that the empty building was known to be haunted. The police said no one was allowed to go in there.

When they arrived home, Ben's father and mother both gave Ben a big hug. "We're so glad you're safe. Please be more careful next time," said Ben's mother. "I promise I will," answered Ben.

M: Ben은 꽤 인기 있는 소년입니다. 친구들은 많지만 가끔 그들이 Ben을 곤경에 빠뜨립니다.

이날, 친구들은 Ben에게 빈 건물에 들어가라고 했습니다. 밖에서 보니 매우 어둡고 으스스해 보이는 건물이었습니다. Ben은 혼자 건물로 들어가는 것이 두려웠습니다. "누구 나랑 같이 들어갈래?" 라고 Ben이 물었습니다. "아니, 겁 먹지 말고 그냥 들어 가!" 친구들이 놀렸습니다.

Ben은 입구를 향해 천천히 걸었습니다. 그가 건물의 문을 살짝 열자 눈으로 먼지가 들어왔습니다. 안에서 썩은 내가 났고 Ben은 역겨워서 속이 뒤틀렸습니다.

따르릉, 따르릉! Ben의 휴대폰이 주머니에서 날카롭게 울렸습니다. 때마침 그의 엄마가 전화를 해서 그는 건물 안으로 들어가는 것을 멈췄습니다. "엄마, 전화해주셔서 정말 감사해요," 겁먹은 목소리로 Ben이 말했습니다. "너 괜찮니? 아버지가 너를 데리러 가시길 원하니?" 엄마가 물었습니다. "네, 부탁드려요. 아버지한테 빨리 오시라고 전해주세요," Ben이 대답했습니다.

차를 타고 집에 오는 길에, Ben의 아버지는 그 빈 건물이 귀신이 나온다고 알려져 있다고 설명했습니다. 아무도 거기에 들어가서는 안 된다고 경찰이 말했습니다.

그들이 집에 도착했을 때, Ben의 아버지와 엄마는 Ben을 꼭 안아주었습니다. "네가 무사해서 정말 기쁘구나. 다음에는 더욱 조심하렴," Ben의 엄마가 말했습니다. "그러게 하겠다고 약속해요," Ben이 답했습니다.

22. Ben은 왜 건물에 들어가는 것에 대해 두려워했습니까?

(A) 곤경에 처해서
(B) 혼자 들어가야 해서
(C) 어둠을 무서워해서

23. Ben이 건물 문을 열자마자 무슨 일이 일어났습니까?

(A) Ben의 친구들이 그를 놀렸다.
(B) Ben의 엄마가 전화했다.
(C) Ben의 아버지가 그를 데리러 오셨다.

24. 건물에 대한 사실은 무엇입니까?

(A) 아무도 들어갈 수 없다.
(B) 그 건물은 귀신이 나온다.
(C) 그 건물은 위험하다.

해설 집에 돌아오는 길에 아버지가 "...the empty building was known to be haunted."라고 말한 부분은 그 빈 건물이 귀신이 나온다고 알려져 있는 것이지 그게 사실인지는 알 수 없다. 경찰이 그 건물에는 아무도 들어갈 수 없다고 말한 것은 사실이므로 정답은 (A)이다.

25. 이야기에서 Ben이 무사하기를 바란 것은 누구입니까?

(A) 그의 선생님들
(B) 그의 친구들
(C) 그의 부모님

[26-29]

W: Long ago in ancient Egypt, there once was a ruler named Ramsey. Ramsey was very strict and only cared about gold. Meeko, one of the servants thought Ramsey was a very greedy ruler.

Ramsey made a rule that all of his people had to give him half of their pay. That meant, if Meeko earned 10 gold coins in one week, he would have to give Ramsey 5 of those gold coins. This was stressful for Meeko because his daughter was sick and needed special medicine. The medicine was rare and expensive. It cost 3 gold coins a week. Meeko begged Ramsey to let him keep 3 gold coins for his daughter's medicine, but Ramsey refused.

Meeko decided to pray to the god of health, Heka. He asked the god to give him a sign of what to do.

The next morning there was a golden jar outside Meeko's door. He opened the lid and found it filled with gold coins! It was more than enough for his daughter's medicine. But Meeko knew he had to follow the rule. So he had the golden jar delivered to Ramsey.

When Ramsey opened the jar, all he saw was poisonous snakes. He yelled, "Get this out of here! Meeko is trying to trick me!"

Answer Key **11**

Meeko was surprised to see the jar back at his home, wondering why Ramsey had returned it. He thought he should look again and sure enough, all the gold coins were still there.

W: 오래 전 고대 이집트에 Ramsey라는 지배자가 살고 있었습니다. Ramsey는 매우 엄격하고, 금에만 관심이 있었습니다. 그의 하인 중 한 명인 Meeko는 Ramsey가 매우 탐욕스러운 지배자라고 생각했습니다.
　Ramsey는 모든 백성이 그들의 봉급의 반을 그에게 주도록 규칙을 정했습니다. 즉, 만약 Meeko가 일주일에 금화 10개를 번다면, 그는 그 금화 중 5개를 Ramsey에게 바쳐야만 합니다. 이것은 Meeko에게 스트레스가 되었습니다. 왜냐하면 Meeko의 딸이 아파서 특별한 약을 필요로 했기 때문입니다. 그 약은 귀하고 비쌌습니다. 그것은 일주일에 금화 3개가 들었습니다. Meeko는 딸의 약을 사기 위해 금화 3개를 갖고 있게 해달라고 Ramsey에게 간청했지만, Ramsey는 거절했습니다.
　Meeko는 건강의 신 Heka에게 기도하기로 결심했습니다. 그는 무엇을 해야 할지 신호를 달라고 신에게 부탁했습니다.
　그 다음날 아침 Meeko의 대문 밖에 금 항아리가 놓여있었습니다. 그가 뚜껑을 열어보니 항아리가 금화로 가득 차 있었습니다. 그것은 딸의 약을 사고도 남을 만큼 많았습니다. 하지만 Meeko는 규칙을 따라야 한다는 것을 알았습니다. 그래서 그는 Ramsey에게 금 항아리를 보냈습니다.
　Ramsey가 항아리를 열었을 때, 그가 본 것은 모두 독사였습니다. "이것을 치워라! Meeko가 나를 속이려고 하는구나!" 그가 소리쳤습니다.
　Meeko는 집에 항아리가 다시 와 있는 것을 보고 놀라며 왜 Ramsey가 그것을 돌려보냈는지 궁금해 했습니다. 그는 다시 확인해야겠다 했는데, 아니나 다를까 금화가 모두 그대로 거기 있었습니다.

26. Ramsey는 어떻게 금을 얻었습니까?

(A) 그의 백성들에게서 빼앗았다
(B) 궁전에서 훔쳤다
(C) 친구들에게서 빌렸다

27. Meeko의 딸에 대한 사실은 무엇입니까?

(A) 그녀는 금 항아리를 찾아 다녔다.
(B) 그녀는 특별한 약이 필요했다.
(C) 그녀는 건강의 신에게 기도했다.

28. Meeko는 왜 금 항아리를 Ramsey에게 보냈습니까?

(A) 그의 딸에게 줄 약을 사려고
(B) 독사로 Ramsey를 속이려고
(C) Ramsey에게 금화의 반을 주려고

29. 마지막에 Meeko는 항아리에서 무엇을 보게 될 거라고 예상했습니까?

(A) 금화들
(B) 특별한 약
(C) 독사들

해설 Meeko는 Ramsey가 항아리에서 독사를 본 것을 몰랐기 때문에 Ramsey가 왜 금화가 들어있는 항아리를 돌려보냈는지 궁금해 한 것이다. 항아리에는 당연히 금화가 들어있을 거라고 생각했으므로 정답은 (A)이다.

[30-32]

M: Don't you think airplanes look like birds? They both have wings. They both can fly through the sky. But sometimes the sky isn't big enough for both of them. Birds and airplanes still get in each other's way.
　When a bird and a plane collide, it is called a "bird strike." It happens thousands of times each year. These bird strikes are very dangerous. Sometimes birds get stuck in airplane engines and cause crashes.
　To help protect against these bird strikes, airports have made safety rules. For example, some airports remove all plants and trees from the surrounding land so birds cannot use them to build nests. They cover water and ponds with netting, and keep the grass short.
　Some airports even use technology to help. Loud sounds, lasers, and recorded noise can all be used to scare birds away. They even bring in trained dogs to chase the birds away.
　Airports try their best to keep bird strikes to a minimum so we can all fly safely.

M: 여러분은 비행기들과 새들이 닮았다고 생각하지 않나요? 그것들은 모두 날개가 있습니다. 둘 다 하늘을 날 수 있습니다. 하지만 가끔 하늘은 그 둘이 다니기에 충분히 크지 않습니다. 새들과 비행기들은 여전히 서로에게 방해가 되고 있습니다.
　새와 비행기가 충돌할 때 그것을 버드 스트라이크라고 부릅니다. 그것은 매년 수천 건 발생합니다. 이 버드 스트라이크는 매우 위험합니다. 간혹 새들이 비행기 엔진에 끼어 비행기 추락 사고를 유발합니다.
　이러한 버드 스트라이크를 방지하기 위해서 공항들은 안전 수칙들을 만들었습니다. 예를 들어, 어떤 공항들은 주변 땅에서 식물들과 나무들을 모두 제거해서 새들이 둥지를 지을 수 없게 합니다. 공항들은 물과 연못들을 그물로 덮어두고, 잔디를 짧게 유지합니다.
　어떤 공항들은 심지어 기술을 이용하기도 합니다. 요란한 소리, 레이저, 그리고 녹음된 소음이 모두 새들을 쫓아버리는데 사용됩니다. 공항들은 심지어 새들을 쫓아내기 위해 훈련된 개들을 들여오기도 합니다.
　공항들이 버드 스트라이크를 최소화하기 위해 최선을 다하고 있어서 우리들은 안전하게 하늘을 날 수 있습니다.

30. "버드 스트라이크"는 무엇입니까?

(A) 새들이 땅 위에서 높이 날 때
(B) 새들이 하늘에서 비행기와 부딪칠 때
(C) 새들이 공항에서 둥지를 지을 때

31. 공항들은 버드 스트라이크로부터 안전해지기 위해 무엇을 합니까?

(A) 잔디를 길게 기른다
(B) 나무들을 많이 심는다
(C) 물이 있는 지역을 덮는다

32. 새들을 쫓아버리는데 사용되지 않는 것은 무엇입니까?

(A) 레이저
(B) 녹음된 소음
(C) 훈련된 공항 직원

[33-35]

> M: Jane Goodall is a very famous scientist who studied monkeys, apes, and chimpanzees.
> Ever since she was a little girl, Jane loved animals, especially chimpanzees. She always wanted to visit Africa, so she worked many jobs to make money to go there.
> At age 23, Jane finally had enough money to visit a friend in Kenya. When she was 26 years old, she got a job studying chimpanzees in Tanzania. She began to observe the behavior of chimpanzees living in the wild.
> Over the next 40 years, Jane watched and recorded chimpanzees' actions and behaviors. This experience allowed her to make important discoveries.
> First, she observed chimpanzees using and making tools. Before this, it was thought that only humans used and made tools. Second, she discovered that chimpanzees hunted for meat. Until then, scientists thought that they ate only plants. Third, she saw that chimpanzees showed human emotions like anger, sadness, and happiness.
> These discoveries helped scientists have more knowledge of chimpanzees.
> Jane went on to write articles and books about chimpanzees. She also won many awards for her hard work and even had movies made about her.

M: Jane Goodall은 원숭이, 유인원과 침팬지를 연구했던 매우 유명한 과학자입니다.
어렸을 때부터 Jane은 동물, 특히 침팬지를 사랑했습니다. 그녀는 항상 아프리카에 가고 싶어 했고, 그래서 거기에 갈 돈을 벌기 위해 많은 일을 했습니다.
Jane은 23살에 마침내 케냐에 있는 친구를 방문 하기에 충분한 돈을 가지게 되었습니다. 26살에는 탄자니아에서 침팬지를 연구하는 직업을 얻었습니다. 그녀는 야생 상태에서 사는 침팬지들의 행동을 관찰하기 시작했습니다.
그 이후로 40년 넘게 Jane은 침팬지들의 행동과 습성을 관찰하고 기록했습니다. 이 경험으로 그녀는 중요한 발견들을 했습니다.
첫째, 그녀는 침팬지들이 도구를 사용하고 만드는 것을 목격했습니다. 이 전까지는 인간만이 도구를 사용하고 만드는 것으로 여겨졌습니다. 둘째, 그녀는 침팬지들이 고기를 사냥하는 것을 알게 되었습니다. 그 때까지 과학자들은 침팬지들이 식물만 먹는다고 생각했습니다. 셋째, 그녀는 침팬지들이 화, 슬픔, 그리고 행복과 같은 인간의 감정을 표현하는 것을 보았습니다.
이러한 발견들 덕분에 과학자들은 침팬지에 대해 더 많은 지식을 갖게 되었습니다.
Jane은 침팬지에 대한 논문과 책들을 쓰기 시작 했습니다. 또한 그녀는 공로를 인정받아 많은 상을 수상했으며, 그녀에 대한 영화들이 만들어지기도 했습니다.

33. Jane은 충분한 돈을 모은 후에 무엇을 했습니까?

(A) 탄자니아에서 직업을 구했다
(B) 정글에서 시간을 보냈다
(C) 케냐에 있는 친구를 만나러 갔다

34. 침팬지가 인간과 매우 유사하게 한 행동은 무엇입니까?

(A) 도구를 만든다
(B) 식물만 먹는다
(C) 감정을 보이지 않는다

35. Jane이 발견한 것들은 왜 중요합니까?

(A) Jane이 많은 상을 받게 해줘서
(B) 침팬지들에게 도구를 사용하도록 가르쳐줘서
(C) 과학자들이 침팬지들을 더 잘 이해하도록 도와줘서

> 해설 Jane의 발견으로 과학자들은 침팬지에 대해 더 많이 알게 되었고, 이것은 그만큼 침팬지를 더 잘 이해할 수 있는 기반이 된 것이므로 정답은 (C)이다.

[36-39]

> W: The question is, how are movies made? It's a little more complicated than just saying the words, "Lights! Camera! Action!"
> Movies start as an idea that needs time to grow. Once that happens, the next step is to write a script. A script breaks up the story into scenes. It also tells the actors what to say and how to act in the story.
> Another important step is to create a storyboard. A storyboard helps writers, producers, and directors decide what the movie will look like. Most storyboards are drawn or are made of photographs.
> Can we make a movie now? No, we need hundreds of people, meaning the cast and staff members. For example, movies need actors, set builders, costume designers, makeup artists, and people to work with the cameras and sound equipment.
> All these people need to travel to a location and shoot thousands of scenes for the movie. Then the movie editors choose which scenes they want to edit for the final movie. They also add music and special visuals to make cool

effects. After 6 to 8 months of hard work, the movie is finally ready.

As you can see, a movie is a long process and many people are involved. So, the next time you go watch a movie, pay attention to the great job everyone has done!

W: 질문은 영화가 어떻게 만들어지느냐 하는 것입니다. 그것은 단순히 "조명! 카메라! 액션!"이라고 말하는 것보다 조금 더 복잡합니다. 영화는 아이디어로 시작하며 발전해가는데 시간이 걸립니다. 일단 그렇게 되면, 다음 단계는 대본을 쓰는 것입니다. 대본은 이야기를 장면들로 나눕니다. 또한, 대본은 이야기 안에서 배우들이 무슨 말을 해야 하고 어떻게 연기해야 하는지 알려줍니다.

또 다른 중요한 단계는 스토리보드를 만드는 것입니다. 스토리보드는 작가, 제작자, 그리고 감독이 영화가 어떻게 보일지 결정하는데 도움을 줍니다. 대부분의 스토리보드는 그림으로 그리거나 사진으로 만듭니다.

이제 영화를 만들 수 있을까요? 아닙니다. 수백 명의 사람들, 즉 배역과 스태프들이 필요합니다. 예를 들어, 영화는 배우, 세트 건축자, 의상 디자이너, 메이크업 아티스트, 그리고 카메라와 음향 장비를 다루는 사람들이 필요합니다.

이 모든 사람들이 촬영 장소로 가서 영화를 위한 수천 장의 장면들을 촬영합니다. 그리고 나서 영화 편집자가 최종 영화를 위해 어떤 장면들을 편집할지 고릅니다. 그들은 멋진 효과를 만들어내기 위해 음악과 특수 영상들을 추가하기도 합니다. 6개월에서 8개월의 힘든 작업 후에 영화는 마침내 준비가 됩니다.

보시다시피, 영화는 긴 과정이고 많은 사람들이 참여합니다. 그러므로 다음에 영화를 보러 가면 모든 사람들이 해낸 멋진 일에 집중해 보세요.

36. 영화 만들기는 처음에 어떻게 시작됩니까?

(A) 배우들을 고용하는 것으로
(B) 대본을 쓰는 것으로
(C) 아이디어를 갖는 것으로

37. 스토리보드는 왜 중요합니까?

(A) 배우들이 무슨 말을 하고 어떻게 연기할지 알려주기 때문에
(B) 영화가 어떻게 보일지 결정하는데 도움을 주기 때문에
(C) 스태프들이 이야기를 하는 장소이기 때문에

38. 영화 만들기에 대한 사실은 무엇입니까?

(A) 많은 장면을 촬영해야 한다
(B) 아주 많은 사람이 필요하지는 않다
(C) 영화에는 음악만 추가할 수 있다

39. 멋진 효과를 만드는 것은 누구입니까?

(A) 편집자
(B) 배우들
(C) 디자이너

Actual Test 2

Reading

1 (A)	2 (C)	3 (A)	4 (C)
5 (A)	6 (B)	7 (B)	8 (B)
9 (A)	10 (B)	11 (C)	12 (B)
13 (C)	14 (C)	15 (A)	16 (C)
17 (A)	18 (B)	19 (A)	20 (C)
21 (C)	22 (C)	23 (C)	24 (C)
25 (C)	26 (B)	27 (B)	28 (C)
29 (B)	30 (B)	31 (A)	32 (C)
33 (B)	34 (A)	35 (B)	36 (B)
37 (A)			

1. 해적은 이것을 그의 보물상자에 넣습니다. 그것은 회색이고 빛나는 금속입니다. 해적은 많은 것을 사는데 그것을 사용할 수 있습니다.
해적은 _____ 을 가지고 있습니다.

(A) 은
(B) 화석
(C) 실크

2. 당신은 배가 아파서 침대에서 나올 수 없습니다. 당신의 부모님은 당신을 데리고 병원에 갑니다. 의사는 당신에게 무엇인가를 줍니다.
의사는 당신에게 _____ 을 줍니다.

(A) 영화
(B) 도구
(C) 약

3. 그 남자는 자신의 것이 아닌 것을 가지고 갑니다. 사람들이 소리칩니다. 경찰이 그를 잡고 감옥에 가둡니다.
그 남자는 _____ 합니다.

(A) 훔치다
(B) 버둥거리다
(C) 증명하다

4. 개구리가 바위를 넘어 가고 있습니다. 토끼가 통나무를 넘어 가고 있습니다. 캥거루가 넓은 벌판을 넘어 가고 있습니다. 그들은 발을 이용해 점프를 하고 있습니다.
그들은 _____ 고 있습니다.

(A) 충돌하고
(B) 부화하고
(C) 깡충 뛰고

5. 괴물에 관한 영화입니다. 이야기는 어두운 숲속에서 벌어집니다. 당신은 영화를 볼 수가 없어 눈을 가립니다.
그 영화는 _____ 합니다.

(A) 무서운
(B) 흩어진
(C) 구체적인

6. 그 말은 자유롭습니다. 그것은 농장에 살지 않습니다. 그것은 자연에서 살며 사람을 좋아하지 않습니다. 이 말을 길들이기는 어렵습니다. 그 말은 _____ 입니다.

   (A) 넓은
   (B) 야생의
   (C) 온순한

7. 아기가 울고 있습니다. 엄마가 아기를 들어서 속삭여줍니다. 엄마는 아이를 웃기려고 노력하고 천천히 흔들어 줍니다. 아이는 _____ 할 것입니다.

   (A) 발견하다
   (B) 진정하다
   (C) 올려다 보다

[8-11] 포스터를 보고 8-11번 질문에 대하여 답하세요.

체험학습 정보

이번 주 금요일 6학년들은 뉴욕시에 있는 센트럴 파크 동물원에 갈 예정입니다. 버스는 오전 8시 30분에 떠날 예정입니다. 여러분의 부모님들께 여러분이 오전 8시 15분까지 학교에 와야 한다고 알려주세요. 우리는 동물원에 약 9시에 도착할 예정이며 몇 시간 머무를 것입니다. 사자, 호랑이 그리고 다른 동물들과 함께 보내는 즐거운 시간이 될 거예요.

동물원에서 우리가 꼭 지켜야 할 몇 가지 중요한 규칙들에 주의해 주세요.

1. 12세 이하 방문자는 항상 성인과 함께 있어야 합니다.
2. 동물에게 먹이를 주지 마십시오.
3. 식물과 야생 동물을 만지지 마십시오.
4. 센트럴 파크 동물원에는 반려 동물을 동반할 수 없습니다.
5. 모든 쓰레기를 쓰레기통에 넣으십시오. 쓰레기를 아무 곳에 버리지 마십시오.
6. 동물을 놀리거나 큰 소리를 내지 마십시오.
7. 동물의 창문을 치거나 두드리지 마십시오.

이 규칙 중 하나라도 위반하면 센트럴 파크 동물원의 직원이 여러분에게 동물원을 나가 달라고 요청할 것입니다.

이런 일이 일어나지 않도록 하세요.

기억하기: 점심 시간은 오전 11시 30분입니다. 여러분은 도시락을 가지고 오거나 동물원 내의 식당에서 점심을 사 먹을 수 있습니다.

---

8. 몇 시에 버스는 떠납니까?

   (A) 오전 8시 15분
   (B) 오전 8시 30분
   (C) 오전 9시

9. 학생들은 얼마나 오랫동안 동물원에 있을 예정입니까?

   (A) 몇 시간
   (B) 두어 시간
   (C) 하루 종일

10. 규칙에 따르면 사람들이 동물원에서 지켜야 하는 것은 무엇입니까?

    (A) 동물에게 먹이 주기
    (B) 쓰레기를 쓰레기 통에 버리기
    (C) 동물의 창문을 두드리기

11. 만약 규칙을 지키지 않은 학생에게는 어떤 일이 일어납니까?

    (A) 그들은 시끄러운 소리를 낼 것이다.
    (B) 그들은 동물에게 먹이를 줄 것이다.
    (C) 그들은 떠나 달라는 요청을 받을 것이다.

[12-13] 이메일을 읽고 12-13번 질문에 답하세요.

받는 사람: 친구들
보내는 사람: Lina
주제: 깜짝 파티

모두들 안녕. 올리비아를 위한 깜짝 파티가 이번 주 토요일에 있을 예정이야. 올리비아는 파티에 대해서 몰라. 그러니까 그녀에게 이야기하면 안돼. 3월 14일 오후 3시까지 우리 집으로 와줘. 14일 올리비아는 오후 3시 30분까지 올 예정이야. 그녀는 우리가 함께 숙제를 하려고 만나는 것으로 생각하고 있어. 하지만 우리는 올리비아 생일파티를 열어서 그녀를 놀라게 하려고 모일 예정이지. 그녀는 많이 좋아할 거야. 하지만 모두 이 일이 비밀이라는 것을 기억해. 우리 엄마가 파티를 위해 케이크를 만들고 피자를 주문할 예정이야. 정말 재미있는 날이 될 거야.

고마워.
리나가

---

12. 리나의 친구들은 리나의 집으로 몇 시에 올 예정입니까?

    (A) 오후 3시 30분
    (B) 오후 3시
    (C) 오후 4시

13. 올리비아는 토요일에 무엇을 할 것이라고 생각합니까?

    (A) 그녀의 가족과 생일 파티를 열기
    (B) 친구들과 깜짝 파티를 하기
    (C) 리나의 집에서 리나와 숙제하기

[14-15] 이메일을 읽고 14-15번 질문에 답하세요.

받는 사람: Gabe
보낸 사람: Minju
주제: 여행 및 사진

시카고 여행에 대한 정보에 대해 다시 한 번 감사드립니다. 여행에서 가장 좋았던 부분은 당신이 저에게 말한 보트 투어였습니다. 그것은 도시를 둘러보고 역사에 대해 배울 수 있는 훌륭한 방법이었습니다. 보트 투어 중 찍은 사진과 일부 건물의 사진을 지금 보내는 이메일과 함께 보냅니다. 보트 투어를 하면서 본 건물 중 제가 가장 좋았던 건물은 트리뷴 타워였는데 그것이 가진 특별한 역사 때문입니다. 그리고 정말 놀라운 공룡 뼈들을 볼 수 있었기 때문에 Field Museum을 방문했던 것도 좋았습니다. 이번 여행은 정말 훌륭한 여행이었어요. 그리고 당신이 도움과 정보들에 대해 정말 감사를 드립니다.

민주 보냄

14. 민주가 여행에서 가장 좋아했던 것은 무엇이었습니까?

(A) 필드 뮤지엄
(B) 트리뷴 타워
(C) 보트 투어

15. Gabe는 민주를 어떻게 도왔습니까?

(A) 그는 그녀에게 여행정보를 주었다.
(B) 그는 시카고에 그녀와 함께 갔다.
(C) 그는 그녀에게 시카고에 가라고 말했다.

[16-17] 이메일을 읽고 16-17번 질문에 답하세요.

오스틴 타임즈에게

지난 주 저는 귀사 신문에 실린 "지구를 구하는 법"이라는 제목의 기사를 읽었습니다. 이 기사에서 제가 어떻게 지구를 살리는데 도움을 줄 수 있는지 많은 것을 배웠습니다. 예를 들어, 저는 가족이 더 이상 일회용 비닐 봉지를 사용하지 않도록 할 것입니다. 플라스틱이 어떻게 바다에 많은 문제를 일으키는 지에 대해 읽는 것은 정말 슬픈 일입니다. 다시는 플라스틱 병에 든 물을 사지 않을 것입니다. 저의 계획은 항상 물병을 가지고 다니면서 물이 필요할 때 가지고 다니는 병에 물을 채우는 것입니다. 저는 내일 반 친구들을 위해 학교에서 기사를 읽을 것입니다. 저는 더 나은 사람이 되고 싶고, 지구를 구하는 일을 돕고 싶습니다. 기사를 작성하고 훌륭한 아이디어를 제공해 주셔서 대단히 감사합니다.

Tommy 올림

16. 왜 Tommy는 오스틴 타임즈에 편지를 썼습니까?

(A) 지구를 구하는 것에 대하여 물어보기 위해
(B) 일회용 비닐 봉지에 대하여 더 많이 배우기 위해
(C) 신문기사를 작성한 것에 감사하다는 말을 하기 위해

17. Tommy는 앞으로 무엇을 절대 사지 않을 예정입니까?

(A) 일회용 비닐봉지
(B) 플라스틱 병
(C) 물

[18-20] 설명서를 읽고 18-20번 질문에 답하세요.

병 안의 토네이도

토네이도는 가장 파괴적인 자연의 힘 중 하나입니다. 그것은 토네이도 골목이라고 불리는 미국의 지역에서 일어납니다. 토네이도는 매우 위험 할 수 있으므로 당신은 토네이도의 근처에 있고 싶지 않을 것입니다. 그러나 오늘은 플라스틱 병으로 토네이도를 만드는 법을 배울 것입니다. 이 멋진 과학 프로젝트에 대한 준비가 되었나요?

필요한 것:
• 물
• 뚜껑이 있는 투명한 플라스틱 병
• 반짝이
• 주방세제

자신만의 토네이도를 만드는 방법은 다음과 같습니다.
1. 플라스틱 병의 4분의 3이 될 때까지 물로 채우십시오.
2. 주방세제를 몇 방울 떨어 뜨립니다.
3. 반짝이를 뿌립니다. 그러면 토네이도가 더 잘 보일 것입니다.
4. 병의 뚜껑을 닫습니다. 뚜껑이 단단히 닫혀 있는지 확인하십시오.
5. 병을 뒤집어서 병의 목을 잡습니다.
6. 약 10초 동안 원을 그리면서 병을 빠르게 돌립니다.
7. 회전을 멈추고 보세요. 병에 미니 토네이도가 보입니다.

주의: 처음에 보이지 않으면 다시 돌려야 할 수도 있습니다.

여기서 무슨 일이 일어나고 있나요? 원형 운동은 병에 토네이도처럼 물 소용돌이를 만듭니다. 물은 물체를 원형 경로로 이동시키는 힘으로 인해 계속 회전합니다. 병 속의 과학, 얼마나 놀라운가요!

18. Tornado Alley는 무엇입니까?

(A) 플라스틱 병 과학 실험
(B) 토네이도가 많이 발행사는 지역
(C) 토네이도 안쪽에 있는 지역

19. 플라스틱 병에 제일 처음 넣는 것은 무엇입니까?

(A) 물
(B) 주방세제
(C) 반짝이

20. 실험에서 반짝이가 사용되는 이유는 무엇입니까?

(A) 물을 더 빨리 돌리기 위해서
(B) 주방세제를 물과 섞이도록 하기 위해서
(C) 토네이도를 더 쉽게 보게 하기 위해서

[21-23] 설명서를 읽고 21-23번 질문에 답하세요.

Joyland의 Quick Band

모든 아이들은 Joyland를 방문하고 싶어합니다. 그곳에는 할 일이 너무 많습니다. Joyland는 매우 인기가 많은데, 그 말은 사람이 많고 줄이 길다는 것을 의미합니다. 긴 줄을 피하는 한 가지 방법은 Quick Band를 구입하는 것입니다. Quick Band는 Joyland에서 모든 것을

보다 쉽게 경험하고 볼 수 있게 합니다. 사용 방법은 다음과 같습니다.

1. Joyland에 가기 전에 Joyland 웹 사이트를 방문하십시오.
2. Quick Band를 구입하십시오. 배송에는 보통 3-4주가 소요됩니다.
3. Quick Band가 도착하면, 여러분은 온라인 계정을 만들거나 로그인을 해야 합니다.
4. 여러분은 부모님 중 한 분의 도움이 필요합니다. 부모님은 온라인으로 접속하여 신용 카드를 Quick Band에 연결합니다.

이제 Quick Band를 사용할 준비가 되었습니다. 다음은 재미있는 부분입니다. Joyland에 갈 때는 Quick Band를 꼭 가지고 가세요. Joyland에 있는 동안 Quick Band를 다음의 경우 사용할 수 있습니다.
- 리조트 호텔 객실 잠금 해제하기 (Joyland 리조트 만 해당)
- 테마 파크에 입장하기
- QuickPass 예약으로 입장하기 (줄을 건너 뛸 수 있음)
- 음식, 음료 및 간식 구매
- Joyland 기념품 구매

보는 것과 같이, Quick Band는 매우 유용하고 시간을 절약 하도록 해줍니다. Joyland 여행을 계획할 때는 Quick Band를 잊지 마세요!

21. Quick Band를 받은 후 당신은 무엇을 합니까?

   (A) 배송을 기다리기
   (B) 신용카드를 연결하기
   (C) 온라인 계정을 만들거나 접속하기

22. 아이들은 언제 부모님의 도움이 필요합니까?

   (A) Joyland 웹사이트에 접속할 때
   (B) 온라인 계정을 생성할 때
   (C) 신용카드를 연결할 때

23. Quick Band로 당신은 무엇을 할 수 있습니까?

   (A) 무료 간식을 얻기
   (B) 아무 리조트에서 하루 밤 머무르기
   (C) 긴 줄을 건너뛰기

[24-27] Gina의 가족에 대한 이야기를 읽고 24-27번 질문에 답하세요.

그 날은 지나가 정확하게 12살이 되는 지나의 생일날 이었습니다. 12살 생일 기념으로 지나는 소원이 오직 하나 있었어요. 바로 새 자전거 입니다.
"좋은 아침이구나 지나야. 생일 축하한다. 먼저 아침 식사를 하고 난 후 네 선물을 풀어볼 수 있을 거야." 지나의 엄마가 말했습니다.
보통 지나의 가족은 오후에 선물을 뜯어봅니다. 그러나 가족들은 지나가 기다리기에는 너무 흥분할 것을 알았기 때문에 아침식사 후에 선물을 뜯기로 결정했습니다. 식사를 마친 후 바로 지나는 자신의 선물 옆에 앉아 있었습니다. 지나는 선물이 아주 크고, 그것은 바로 새로운 자전거 크기 정도 된다는 것을 알아챘습니다.
"큰 선물 먼저 뜯어봐도 되요?" 지나가 물었습니다.
"물론이지" 지나의 아빠가 큰 웃음을 지으며 말했습니다.
지나는 빠르게 포장지를 찢어 벗겨 내면서 그 큰 상자가 아주 가볍다는 것을 알아챘습니다. 그녀는 그것이 빈 상자인지 궁금하기 시작했습니다. 지나는 긴장했습니다. 포장지가 땅에 떨어졌을 때 지나는 그

것이 자전거 상자라는 것을 볼 수 있었습니다. 그녀는 상자 위를 찢어서 열고 안을 들여다보았습니다. 비어 있었습니다. 그것은 빈 상자였습니다.
실망하고 걱정하며 지나가 말했습니다. "이것은 뭐예요? 그냥 빈 상자 인걸요."
"음. 지나야. 너도 이제 12살이잖니. 우리는 너가 이제 네 자전거를 직접 선택할 준비가 되었다고 생각해. 오늘 오후 우리 모두 Sports Mart 에 갈거야. 그리고 너는 가게 전체에서 너가 원하는 어떤 자전거라도 고를 수 있어." 라고 지나의 엄마가 말했습니다.
지나는 놀랐습니다. 새 자전거를 가지는 것뿐만 아니라 그것을 자신이 선택할 수 있다니요. 그녀는 그 날 지구에서 자신이 가장 운이 좋고 똑똑한 12살인 것처럼 느껴졌습니다.

24. 지나는 선물을 뜯기 전에 무엇을 했습니까?

   (A) 샤워하기
   (B) 아침식사 하기
   (C) Sports Mart에 가기

25. 왜 지나는 실망하고 걱정했습니까?

   (A) 그녀는 새로운 자전거를 좋아하지 않았다.
   (B) 다른 것이 상자 안에 있었다.
   (C) 큰 상자는 비어 있었다.

26. 지나의 부모님은 왜 지나가 직접 새로운 자전거를 고르기 원했습니까?

   (A) 그들은 지나에게 잘못된 자전거를 선택하는 것을 원하지 않았다.
   (B) 그들은 지나가 자신의 자전거를 고를 만큼 충분히 자랐다고 생각했다.
   (C) 그들은 새로운 자전거를 큰 상자에 넣고 싶지 않았다.

27. 지나는 오후에 무엇을 할 예정입니까?

   (A) 자전거 타는 방법 배우기
   (B) 새 자전거 고르기
   (C) 새 자전거 반납하기

[28-31] Wells 가족 이야기를 읽고 28-31번 질문에 답하세요.

"자 얘들아. 오늘이 바로 그 날이야. 차는 준비되어 있고 집은 꽉 찼고, 이제 가자. 옛 집에 인사를 하렴." Wells씨는 그들의 집을 마지막으로 슬프게 바라보고 있는 가족들에게 말했습니다.
Wells 가족은 같은 집에서 지난 10년간 살았습니다. 그것은 작은 마을에 있는 큰 정원이 있는 큰 집입니다. 그러나 이제 그들은 시애틀의 아파트로 이사를 갈 예정입니다. Wells 부인이 시애틀의 새로운 직장에서 제안이 들어왔고, 가족들은 그 기회를 거절할 수가 없었습니다. 그들이 시애틀로 운전하고 가면서 가족들은 시골의 주택에서 사는 것과 도시의 아파트에서 사는 것 중 어느 것이 더 나은지 논의하기 시작했습니다.
"나는 우리 정원을 가장 그리워할 것 같아. 우린 정말 넓은 공간이 있었고 그 공간은 모두 우리 거였어." 첫째 아들인 Rick이 말했습니다.
"이제 우리는 정원일을 절대 하지 않아도 되고 우리 아파트 길을 가로

지르면 바로 공원이 있어. 그래서 우린 여전히 놀고 달릴 수 있는 넓은 공간을 가지게 될거야." Rick의 여동생인 Vera가 말했습니다.
"엄마는 우리 집을 꽤 그리워할 것 같구나. 그러나 도시로 가는 것도 신이 나. 이제 우리는 맛있는 커피나 식료품을 사기 위해 모든 곳을 걸어서 갈 수 있잖니." Wells 부인이 말했습니다.
가족들이 이야기를 이어가는 동안 Wells 가족은 주택과 아파트 양쪽 모두 좋은 점과 그렇지 않은 점이 있다는 것을 알게 되었습니다. 그러나 가장 중요한 것은 가족이 함께 있다는 것입니다. 그들은 그들의 옛 집을 그리워 할 것이라는 것을 알았지만 시애틀에서의 새로운 모험에도 신이 났습니다.
"저것은 뭐예요?" 뒷좌석에서 Vera가 소리쳤습니다.
"저것은 Space Needle이야." 라고 Wells씨가 답했습니다.

28. 무엇에 대한 이야기입니까?

 (A) 기차 안에서 이야기하는 Wells 가족
 (B) 아파트에서 주택으로 이사하는 Wells 가족
 (C) 도시로 이사하는 Wells 가족

29. Wells 가족은 왜 Seattle로 이사를 갑니까?

 (A) 그들은 더 큰 집이 필요하다.
 (B) Wells 부인이 직장을 제안 받았다.
 (C) 그들은 공원 옆에서 살고 싶다.

30. 마당을 가장 그리워 할 것이라고 말한 사람은 누구입니까?

 (A) Wells씨
 (B) Rick
 (C) Vera

31. Wells 가족에게 가장 중요한 것은 무엇이었습니까?

 (A) 그들이 함께라는 것
 (B) 그들의 아파트가 크다는 것
 (C) 그들에게 새로운 모험이 다가오고 있다는 것

[32-33] 식물에 대하여 읽고 32-33번 질문에 답하세요.

남아프리카 공화국에서 하이킹을 하다가 아래를 내려다보니 땅에 야구공 하나가 있다고 상상해 보세요. 그것을 잡기 위해 구부렸을 때, 당신은 그것이 야구공이 아니라 식물이라는 것을 깨닫게 됩니다. 당신은 Euphorbia obesa 또는 야구공이라고 불리는 남아프리카의 가장 독특한 식물 중 하나를 발견했습니다. 그것은 작고 둥글며 높이는 20cm, 너비는 9cm입니다. 독특한 모양으로 인해 식물 수집가들은 이 식물을 찾아 자신의 수집품에 둡니다. 수년에 걸쳐 그 식물은 자연 서식지에서 거의 멸종되었습니다. 결과적으로 그 식물은 현재 국내법과 국제법에 의해 보호되고 있습니다. 남아프리카 공화국에서 땅에 있는 야구공을 본다면, 그것을 줍지 마십시오!

32. 왜 그 식물은 "야구공풀" 이라고 불립니까?

 (A) 사람들이 그것을 야구공처럼 던지기를 좋아해서

 (B) 그것이 남아메리카에서 잘 자라서
 (C) 그것이 야구공처럼 생겨서

33. 왜 그 식물은 이제 법으로 보호를 받습니까?

 (A) 그것이 세계 곳곳에서 자라기 때문에
 (B) 그것이 거의 멸종되어서
 (C) 그것이 식물 수집가들을 돕기 때문에

[34-35] 가장 큰 소리에 대해 읽고 34-35번 질문에 답하세요.

당신은 지구상에서 가장 큰 소리는 쉬는 시간 이후의 교실이라고 생각할 지도 모릅니다. 그러나 더 큰 소리가 있습니다. 소리는 데시벨(dB)로 측정됩니다. 120데시벨 이상의 소리는 사람들의 귀를 아프게 합니다. 예를 들어 불꽃 놀이는 매우 시끄러우며 데시벨 수준은 150 입니다. 지구상에서 가장 소리가 큰 동물은 흰긴수염고래입니다. 흰긴수염고래의 소리는 190데시벨에 도달하고 수백 마일을 수중에서 이동할 수 있습니다. 또다른 매우 큰 소음은 지진, 폭탄, 그리고 화산에서도 발생합니다. 역사상 가장 큰 소리가 난 사건은 1908년 러시아에서 일어났습니다. 이 사건은 Tunguska Meteor로 알려져 있는데 그것은 엄청난 폭발이었습니다. 그 폭발은 우주에서 온 큰 바위로 인해 발생했을 가능성이 높으며 300데시벨 이상의 큰 소리가 난 폭발로 기록되었습니다.

34. 소리가 120데시벨에 도달하면 어떤 일이 일어납니까?

 (A) 사람의 귀를 아프게 한다.
 (B) 소리가 들리기 시작한다.
 (C) 사람의 말소리처럼 들린다.

35. 190데시벨 근처까지 이르는 소리는 무엇입니까?

 (A) 불꽃놀이
 (B) 흰수염고래
 (C) 지진

[36-37] 오대호에 대하여 읽고 36-37번 질문에 답하세요.

미국지도를 보면 Midwest 지역에서 5개의 큰 파란색 영역을 볼 수 있습니다. 이들은 지구상에서 가장 큰 담수호 그룹인 오대호입니다. 오대호는 휴런호, 온타리오호, 미시간호, 이리호, 슈페리어호로 구성되어 있습니다. 그들의 이름을 기억하는 쉬운 방법은 HOMES입니다. 오대호 중 가장 큰 호수는 슈페리어호로 미네소타주, 위스콘신주 및 미시간 주 북쪽에 위치하고 있습니다. 슈페리어호는 너무 커서 호수의 모든 물로 북미와 남미를 2인치 높이로 완전히 덮을 수 있습니다. 미시간호는 유일하게 미국에만 위치하고 있는 호수입니다. 나머지 4개의 호수는 각각 미국 및 캐나다와 국경을 공유합니다. 휴런호는 유럽 탐험가들이 발견한 최초의 오대호입니다. 온타리오호는 오대호 중 가장 작은 호수로 토론토시가 해안에 있습니다. 마지막으로, 이리호는 가장 따뜻한 호수이며, 그 물은 나이아가라 폭포로 쏟아집니다. 이 호수들은 거대할 뿐만 아니라 아주 중요하기도 합니다. 오대호에는 수백만의 다양한 동물들이 살고 있으며 미국 전역의 사람들에게 인기있는 식량원이기도 합니다.

36. 왜 이 글에서 HOMES라는 단어가 언급되었습니까?

 (A) 왜냐하면 많은 집들이 오대호에 있기 때문에
 (B) 호수의 이름을 기억하기 위한 방법 중 하나로
 (C) 휴런호를 쓰는 다른 방법으로

37. 캐나다와 미국 양국 국경 모두와 접하지 않는 호수는 어떤 호수입니까?

 (A) 미시간호
 (B) 휴런호
 (C) 슈페리어호

Listening

1 (B)	2 (C)	3 (A)	4 (B)
5 (C)	6 (A)	7 (B)	8 (B)
9 (B)	10 (A)	11 (A)	12 (C)
13 (C)	14 (B)	15 (A)	16 (C)
17 (B)	18 (A)	19 (C)	20 (C)
21 (B)	22 (C)	23 (C)	24 (A)
25 (A)	26 (A)	27 (B)	28 (C)
29 (C)	30 (C)	31 (C)	32 (B)
33 (C)	34 (A)	35 (B)	36 (A)
37 (C)	38 (A)	39 (C)	

1.
M: Carl, try this white cap on. It would match your striped shirt. I know we just bought you new shoes, but I think you need this, too.

M: Carl, 이 하얀색 모자를 써보렴. 네 줄무늬 셔츠와 어울릴 거다. 우리가 너에게 방금 새 신발을 사줬지만 네가 이것도 필요한 거 같구나.

2.
W: Anna, I need help cleaning our house. Could you wash the dishes while I sweep the kitchen floor? The floor is very dirty. I'll go to the closet and get the broom first.

W: Anna, 엄마는 집 청소하는데 도움이 필요하단다. 내가 부엌 바닥을 빗자루로 쓰는 동안 네가 설거지를 해주겠니? 바닥이 매우 더러워. 엄마가 벽장에 가서 우선 빗자루를 꺼내 올게.

3.
W: Today we learned about the weather, and you created a sky for your science project. Please paint the clouds white, and the sky should be blue. If you want to add birds or an airplane, that would look good, too.

W: 오늘 우리는 날씨에 대해 배웠고, 여러분은 과학 프로젝트로 하늘을 만들었어요. 구름들은 흰색으로 칠하고 하늘은 파란색이 되도록 하세요. 새나 비행기를 넣고 싶다면 그것도 괜찮아 보이겠네요.

4.
M: I know you like to skateboard to the park, but why don't you ride your bicycle today? It would take less time because it is much faster. That way you can be back home for dinner on time.

M: 네가 공원까지 스케이트보드 타고 가고 싶어하는 건 알지만 오늘은 자전거를 타고 가지 그러니? 그게 훨씬 빠르기 때문에 시간이 덜 걸릴 거다. 그렇게 해야 네가 저녁식사 시간에 맞춰 집에 돌아올 수 있을 거야.

5.
W: I know you hate to be photographed, but our family picture was taken six years ago. It is time to get a new one. Your father and brother already dressed up, and they are waiting for you downstairs. Hurry and change into a nice dress. Your school uniform is not what you should wear for a family picture.

W: 네가 사진 찍는 거 싫어하는 줄 알지만 우리 가족 사진은 6년 전에 찍었던 거야. 새 가족사진을 찍을 때가 되었어. 아빠와 오빠는 벌써 차려 입고 아래층에서 너를 기다리고 있단다. 얼른 예쁜 드레스로 갈아 입으렴. 학교 교복은 가족 사진에 입을 옷은 아니잖니.

6.
M: Ben, I bought you new pet fish today. Now, you must learn how to take care of them. Keeping the fish tank clean is important. If it gets dirty, the fish might not survive. Don't forget to feed the fish once a day. This is what you have to do from now on. But remember the feedings should be small. Giving it too much food is harmful.

M: Ben, 아빠가 오늘 새 애완용 물고기를 사줬지. 이제 너는 그것들을 돌보는 방법을 배워야 해. 어항을 깨끗하게 관리하는 것은 중요해. 어항이 더러워지면 물고기들은 살아남을 수 없을 거야. 하루에 한 번씩 물고기에게 먹이를 주는 것을 잊지 말아라. 이게 네가 지금부터 해야 할 일이란다. 하지만 먹이는 조금만 줘야 하는 거 기억해. 먹이를 너무 많이 주는 것은 해로워.

7.
W: We have a new student today. His name is Alex. When he comes up to the front of the room to introduce himself, he might feel very nervous. Please be polite, and listen quietly. I remember what you did for Samantha when she moved to our school last spring, such as walking with her in the hallway and sitting with her at lunch time. Doing nice things is helpful.

W: 오늘 새 학생이 왔어요. 그의 이름은 Alex에요. 자신을 소개하기 위해서 교실 앞으로 나올 때 그는 매우 긴장할 수 있어요. 예의 바르게 대하고 조용히 듣기 바래요. 지난 봄에 Samantha가 우리 학교로 전학 왔을 때 복도에서 그녀와 함께 걷거나 점심시간에 그녀와 같이 앉는 것처럼 여러분들이 그녀를 위해 해주었던 것들이 기억나네요. 좋은 일을 하는 것은 도움이 되지요.

8.
B: Please move aside. You are blocking my view of the TV.
G: No, I want to watch my favorite movie. I asked mom and she said I could.
B: Can't you see I'm in the middle of playing my video game?
G: You've been playing for a very long time now. It's my turn.
B: Fine. But I'm not happy about this.

B: 옆으로 비켜 줘. 네가 가려서 TV가 안 보이거든.
G: 싫어, 난 내가 제일 좋아하는 영화를 보고 싶어. 내가 엄마한테 물어봤고 엄마가 그러라고 하셨어.
B: 내가 지금 한창 비디오 게임하는 거 안 보이니?
G: 오빠는 지금 아주 오랫동안 게임을 했거든. 이제 내 차례야.
B: 좋아. 하지만 난 이 상황이 마음에 들지 않아.

소녀는 다음에 무엇을 할까요?

(A) 엄마에게 물어본다
(B) 영화를 본다
(C) 비디오 게임을 한다

9.
M: What would you like to eat for dinner tonight?
B: I have been thinking about pizza all day. Can we go to the new pizza restaurant?
M: I think it would be more fun to make a pizza ourselves at home! That way we can spend more time together.
B: That sounds like fun. Can we make the pizza crust ourselves?
M: I've never done that before, but let's try it!

M: 오늘 밤 저녁으로 뭘 먹고 싶니?
B: 저는 하루 종일 피자를 생각했어요. 새로 생긴 피자 식당에 가도 돼요?
M: 아빠 생각에는 집에서 우리가 직접 피자를 만드는 게 더 재미있을 거 같은데! 그렇게 해야 우리가 함께 시간을 더 보낼 수 있어.
B: 재미있을 거 같아요. 우리가 직접 피자 크러스트를 만들 수 있을까요?
M: 만들어 본 적은 없지만, 한 번 해 보자!

아빠와 아들은 왜 집에 있기로 결정했습니까?

(A) 피자 식당이 너무 바빠서
(B) 함께 더 많은 시간을 보내고 싶어서
(C) 피자 크러스트를 전에 만들어 본적이 없어서

10.
W: I'm going to the supermarket now. Do you need anything?
B: Yes, I would like some orange juice and cookies, please. I eat them both for my bedtime snack.
W: I don't know if you should be eating cookies before bed. I'll get you apples and peanut butter instead.
B: Mom, we have plenty of peanut butter in the refrigerator. Apples are not my favorite but I'll eat them if you want me to. And don't forget the orange juice.
W: Ok, sounds good. See you later.

W: 엄마 지금 슈퍼마켓에 간다. 필요한 거 있니?
B: 네, 오렌지 주스랑 쿠키가 필요해요. 잠자리 전 간식으로 두 가지를 먹으려고요.
W: 자기 전에 네가 쿠키를 먹어도 되는지 모르겠다. 그거 대신에 사과랑 피넛 버터를 사다 줄게.
B: 엄마, 냉장고에 피넛 버터가 많아요. 전 사과는 좋아하지 않지만 엄마가 먹으라고 하면 먹을게요. 그리고 오렌지 주스 잊지 마세요.
W: 그래, 좋아. 이따 보자.

엄마는 슈퍼마켓에서 무엇을 살까요?

(A) 오렌지 주스와 사과
(B) 오렌지 주스와 쿠키
(C) 사과와 피넛 버터

11.
G: Can you help me bandage my finger?
W: Of course I can. What happened?
G: I was doing a science project in class and accidently dropped the glass on the floor. When I tried to clean it up, I cut my finger.
W: Ouch, you need to be careful when dealing with glass. I'll help you clean your finger first and then bandage it.
G: Can I still play in the volleyball game tonight with a hurt finger?
W: I don't think that's a good idea.

G: 제 손가락에 붕대 감는 거 도와주실 수 있으세요?
W: 물론이지. 무슨 일이 있었니?
G: 수업 시간에 과학 프로젝트를 하고 있었는데 뜻하지 않게 유리 그릇을 바닥에 떨어뜨렸어요. 그것을 치우려고 할 때 손가락을 베었고요.
W: 아이구, 유리 그릇을 다룰 땐 조심해야 해. 우선 네가 손가락을 닦는 걸 도와주고 나서 붕대를 감아줄게.
G: 다친 손가락으로 오늘 밤 배구 경기를 해도 될까요?
W: 좋은 생각이 아닌 것 같구나.

소녀는 다음에 무엇을 할까요?

(A) 손가락을 닦는다
(B) 손가락에 붕대를 감는다
(C) 배구 경기를 한다

12.

W: Welcome to my flower shop! Are you here to buy flowers for your mom for Mother's Day?
B: Yes, I want to surprise her!
W: Well, we have a sale going on right now. If you buy one pot of flowers, you will get a second one free.
B: That's fantastic. Then I can also give one to my grandma.
W: That sounds like a good plan. Why don't you pick out the flowers? Then I will wrap them up.
B: Great! My grandma loves flowers, but I have never bought them for her before.
W: Well, this is sweet and thoughtful of you. I'm sure they will both be very happy.

W: 저의 꽃집에 오신 것을 환영합니다! 어머니 날을 맞아 엄마께 드릴 꽃을 사러 왔어요?
B: 맞아요, 엄마를 깜짝 놀라게 해드리고 싶거든요!
W: 음, 지금 세일 중이에요. 화분 한 개를 사면, 두 번째 것은 무료에요.
B: 멋져요. 그러면 할머니께도 하나를 드릴 수 있어요.
W: 좋은 계획인 거 같네요. 꽃을 고를래요? 그러면 내가 포장을 해줄게요.
B: 좋아요! 저의 할머니가 꽃을 좋아하시는데 전에는 한 번도 꽃을 사드린 적이 없거든요.
W: 이런, 이렇게 마음씨가 곱고 사려 깊다니. 분명히 두 분 다 매우 행복해하실 거에요.

소년은 왜 꽃을 삽니까?

(A) 무료 꽃을 얻으려고
(B) 할머니를 방문하려고
(C) 엄마를 깜짝 놀라게 하려고

13.

M: What would you like to do today after lunch?
G: Can you teach me how to skateboard down the hill?
M: I don't think that would be very safe. I think your father should teach you that. I have never ridden a skateboard before.
G: Ok. Would walking to the park be better?
M: Yes, but I'd want you to hold my hand when we cross the street. There are many cars that drive by fast and don't see little children walking across the road.
G: I'll be ok, Grandpa! But if it makes you feel better, I will.
M: Thanks. I just want to look out for you, my little girl!

M: 점심 먹고 나서 오늘은 무엇을 하고 싶니?
G: 스케이트보드 타고 언덕을 내려가는 방법을 가르쳐주실 수 있어요?
M: 그건 매우 안전한 것 같지 않은데. 그건 네 아빠가 가르쳐줘야 할 거 같다. 할아버지는 전에 스케이트보드를 타 본적이 없단다.
G: 알겠어요. 공원까지 걸어가는 게 더 나을까요?
M: 그래, 하지만 길을 건널 때는 네가 내 손을 잡았으면 좋겠구나. 많은 차들이 빠르게 운전하면서 어린 아이들이 길을 건너는 것을 보지 못하더구나.
G: 전 괜찮을 거에요, 할아버지! 하지만 그게 할아버지 마음을 더 편하게 하면 그렇게 할게요.
M: 고맙구나. 나는 단지 사랑스러운 손녀를 지켜주고 싶은 것뿐이란다.

할아버지는 손녀가 무엇을 하기를 원합니까?

(A) 스케이트보드를 타고 언덕 내려가기
(B) 혼자서 길 건너기
(C) 길 건널 때 할아버지 손 잡기

14.

B: Hello, Mr. Kent. Do you know where Ben went?
M: I thought Ben was swimming over in the shallow end of the pool with you.
B: No, I haven't seen him for about 5 minutes now.
M: Maybe he wanted to go down the water slide.
B: Or maybe he went to the boy's locker room to get his goggles.
M: True. I'll go look over by the slide. Will you check out the boy's locker room?
B: Ok. If I find Ben, can we buy a snack at the food counter?
M: Yes, you can. Just make sure to meet me back at this spot by the pool.

B: 저기, Kent씨. Ben이 어디 갔는지 아세요?
M: 수영장 얕은 곳에서 너랑 수영하고 있다고 생각 했는데.
B: 아니오, 지금 약 5분 정도 그를 보지 못했어요.
M: 아마 물 미끄럼틀을 타고 싶어 했던 거 같은데.
B: 아니면 고글 가지러 남아 탈의실에 갔을 거에요.
M: 그래. 내가 미끄럼틀 가까이 가서 살펴볼게. 너는 남아 탈의실을 확인해 볼래?
B: 그럴게요. 제가 Ben을 찾으면 같이 매점에서 간식을 사먹어도 될까요?
M: 그래, 그러렴. 수영장 옆 이 자리에서 다시 나를 만나는 것만 명심하렴.

소년은 다음에 무엇을 할까요?

(A) 물 미끄럼틀을 탄다
(B) 남아 탈의실로 간다
(C) 매점에서 간식을 산다

15.

M: Hey, Isabelle. It's dad calling. You played the piano so well at the concert today. I remember how much you have been practicing for the concert even though you didn't always enjoy the piano lessons. I am so proud of you and all your hard work.

M: 안녕, Isabelle. 아빠야. 오늘 콘서트에서 피아노 연주를 정말 잘했어. 네가 피아노 레슨을 받으며 항상 즐거워하지는 않았지만 그래

도 콘서트를 위해 얼마나 많이 연습했는지를 아빠는 기억하고 있어. 아빠는 너와 네가 열심히 노력했던 것이 정말 자랑스러워.

Isabelle의 아빠는 왜 전화를 했습니까?

(A) Isabelle에게 얼마나 연주를 잘 했는지 말해주려고
(B) Isabelle에게 피아노 콘서트에 대해 물어보려고
(C) Isabelle에게 피아노 연습을 얼마나 했는지 물어보려고

16.

W: Hi, Jack. This is Ms. Maki, your school librarian. I'm calling to let you know that another student came to the library today asking about the newest book about China. He wants to see the pictures in that book to draw a map of China for his history project. My computer says that you checked that book out two weeks ago. It is overdue. Could you please bring it to school tomorrow? Thank you.

W: 안녕, Jack. 학교 도서관 사서 Maki 선생이야. 오늘 어떤 학생이 중국에 대한 최신 책에 대해 문의하러 도서관에 왔다는 것을 알려주려고 전화했단다. 그 학생은 역사 프로젝트로 중국 지도를 그리기 위해서 그 책에 있는 그림들이 보고 싶대. 컴퓨터로 찾아보니까 네가 2주전에 그 책을 대출했더구나. 반납 기한이 지났어. 내일 그 책을 학교로 가져와주겠니? 고맙다.

Jack은 내일 무엇을 할까요?

(A) 중국 지도를 그린다
(B) 다른 학생에게 책을 준다
(C) 책을 반납한다

17.

M: Hello, Mr. Jackson. This is Principal Brooks calling. I wanted to thank you for volunteering your time to help the kids on the baseball team. Their first game is in the spring, so if you could start coming to their practices in the beginning of March, that would be great. I will set up a meeting with you and the baseball coach so you can talk more about the schedule. Thank you again. This will mean so much to the kids.

M: 안녕하세요, Jackson씨. Brooks 교장입니다. 야구팀 아이들을 도와주시려고 시간을 내주셔서 감사하다는 말씀을 드리고 싶었습니다. 첫 게임이 봄에 열리기 때문에 3월 초에 있는 아이들의 연습부터 와주실 수 있다면 정말 좋겠습니다. 제가 Jackson씨와 야구팀 코치의 미팅을 잡아놓겠습니다. 그러면 일정에 대해서 좀 더 상의해보실 수 있을 겁니다. 다시 한 번 감사 드립니다. 이 기회는 아이들에게 무척 소중할 겁니다.

Brooks 교장선생님은 무엇에 대해 전화했습니까?

(A) Jackson씨의 자녀
(B) Jackson씨의 시간
(C) Jackson씨의 조언

18.

M: Hi Eric, it's your dad calling. I wanted to let you know that I'll be late picking you up from school today. There was a terrible accident on the highway that slowed the traffic down. A small car hit a large truck, and both drivers were hurt. The ambulance and the police have blocked the roads, which caused me to stop driving. Perhaps your teacher will wait outside with you until I get there. Thanks for understanding and I'll see you soon.

M: 안녕, Eric. 아빠야. 오늘 아빠가 학교로 너를 데리러 가는데 늦을 거라고 알려주려고 전화했어. 고속도로에서 끔찍한 사고가 나서 교통이 정체되었단다. 소형차가 대형 트럭에 부딪혔는데 운전사 둘 다 다쳤어. 구급차와 경찰이 도로를 막아서 아빠가 운전을 멈추게 되었어. 아마 네 선생님께서 내가 도착할 때까지 밖에서 너와 함께 기다려 주실 거야. 이해해줘서 고맙고 곧 만나자.

Eric의 아빠는 왜 전화를 했습니까?

(A) Eric에게 아빠가 늦을 거라고 말해주려고
(B) Eric에게 차에서 있으라고 말해주려고
(C) Eric에게 교실에서 기다리라고 하려고

19.

M: Good afternoon Ms. Nelson. It seems you left your purse here at the supermarket. I found it on the counter by the dairy section. I bet you set your purse down when you were picking up the milk. I guess it might be hard for you to carry everything at one time. If you come today, you can get your purse at the front counter. If you come tomorrow, you can pick it up from the store manager in his office.

M: Nelson 부인, 좋은 오후입니다. 당신이 여기 슈퍼마켓에 지갑을 두고 가신 것 같습니다. 그것을 유제품 코너 옆 진열대에서 제가 발견했습니다. 틀림없이 당신이 우유를 집으면서 지갑을 내려놓으셨겠지요. 한 번에 모든 것을 다 들고 있기 어려웠을 거예요. 오늘 오시면 앞쪽 계산대에서 지갑을 찾아가실 수 있습니다. 내일 오시면 매장 책임자 사무실에서 가져가실 수 있습니다.

슈퍼마켓 직원은 왜 전화를 했습니까?

(A) Nelson 부인이 모든 것을 드는 것을 도와주려고
(B) Nelson 부인이 우유를 안 가져갔다고 말해주려고
(C) Nelson 부인에게 분실품에 대해 알려주려고

20.

G: Hello, Ms. Davis. This is Kendra calling from class. I'm having a hard time understanding the reading assignment and am wondering if you could help me. I know it's not due until this Friday. But as you already know, I will be gone tomorrow and the next day to a music festival with my parents. I won't see you until I get back, so I'm asking you now for some explanation. Could you call me back and answer my questions tonight please?

G: 안녕하세요, Davis 선생님. 저 Kendra예요. 읽기 과제를 이해하는데 힘들어서 선생님께서 도와주실 수 있는지 궁금해요. 과제 마감이 이번 금요일인 거는 알고 있어요. 하지만 선생님도 아시다시피 제가 내일과 모레 부모님과 함께 뮤직 페스티벌에 가요. 제가 돌아올 때까지는 선생님을 못 볼 거라서 지금 설명을 좀 부탁 드려요. 오늘 밤에 저한테 전화 주셔서 제 질문에 답해주실 수 있으세요?

Kendra는 왜 전화를 했습니까?

(A) Davis 선생님에게 숙제를 못 끝낸다고 말하려고
(B) Davis 선생님에게 가족 여행으로 뮤직 페스티벌에 간다고 말하려고
(C) Davis 선생님에게 숙제에 대해 설명해달라고 부탁하려고

21. B: Hi, Steve. It's Mike. I'm calling to let you know my family is moving next week. My dad got a new job in another city. My mom told me it would take one hour from here to the new house. It might take longer to see each other, but I hope we will continue to do fun things together on the weekends. My parents just told me I need to help them pack this Saturday. I hope we can hang out on Sunday. Let me know what you think.

B: 안녕, Steve. 나 Mike야. 다음 주에 우리 가족이 이사를 간다고 알려주려고 전화했어. 우리 아빠가 다른 도시에 새 직장을 얻으셨거든. 여기서 새로 이사 가는 집까지 한 시간 걸릴 거라고 엄마가 말해주셨어. 우리가 만나는데 시간이 더 걸리겠지만 주말마다 재미있는 것들을 계속 같이 하면 좋겠어. 방금 부모님께서 이번 토요일에는 내가 짐 싸는 것을 도와야 한다고 하셨어. 일요일에 우리가 같이 시간을 보낼 수 있으면 좋겠다. 너는 어떻게 생각하는지 알려줘.

Mike는 왜 전화를 했습니까?

(A) Steve에게 짐 싸는 것을 도와달라고 부탁하려고
(B) Steve에게 이사 간다는 것을 알려주려고
(C) Steve를 그의 새 집에 초대하려고

[22-25]

W: It is a clear but cool day outside at the amusement park. As Sally stands on the platform of the bungee station, she can feel the breeze on her face. She looks down over the edge at the people below her. They seem so small, and all of her friends look like tiny colorful dots. Sally can't believe she is 150 meters above the ground.
   She looks over at Krista standing next to her and she feels so thankful that her friend is there with her. Krista gives Sally a big smile. "It'll be alright, Sally. I'm here if you need me." "What if something breaks, like the rope? What if I fall too fast?" asks Sally. "If you feel scared, just scream as loud as you can," says Krista. "Good idea!" replies Sally.
   She closes her eyes tight, knowing it is now time for her to leap into the air. "Sally, open your eyes. You have to see to jump!" yells Krista. Slowly, Sally opens one eye and then the other, and jumps.
   Sally feels a sudden rush of happiness. She can't believe that this is her first time ever bungee jumping and that she is actually having fun!

W: 야외 놀이공원에서의 맑고 시원한 날입니다. 번지 스테이션의 플랫폼에 서 있으니 Sally는 얼굴을 스치는 산들바람이 느껴집니다. 그녀는 그녀 아래에 있는 사람들을 가장자리 너머로 내려다봅니다. 그들은 아주 작아 보이고, 그녀의 친구들은 모두 작은 형형색색의 점처럼 보입니다. Sally는 자신이 지상에서 150미터 위에 있다는 것이 믿어지지 않습니다.
   그녀는 바로 옆에 서 있는 Krista를 보며 친구가 그녀와 함께 있다는 사실이 매우 고맙게 느껴집니다. Krista는 Sally를 보고 활짝 웃어줍니다. "괜찮을 거야, Sally. 네가 내가 필요하면 난 여기 있어." "만약 무언가가 부서지면? 밧줄 같은 거 말이야." "만약 내가 너무 빨리 떨어지면?" Sally가 묻습니다. "무서우면 그냥 할 수 있는 만큼 크게 소리를 질러," Krista가 말합니다. "좋은 생각이야!" Sally가 답합니다.
   Sally는 이제 공중으로 뛰어들 시간이라는 것을 알고 눈을 질끈 감습니다. "Sally, 눈을 떠. 뛰려면 봐야 해" Krista가 소리칩니다. Sally는 천천히 한쪽 눈을 뜨고, 다른 쪽 눈을 뜨고, 그리고는 뜁니다.
   Sally는 갑자기 밀려오는 행복을 느낍니다. 이것이 그녀의 최초의 번지 점핑이라는 것과 사실 굉장히 재미있다는 것이 믿어지지 않습니다.

22. Sally는 어디에서 번지 점핑을 하고 있습니까?

(A) 산 위에서
(B) 친구와 함께
(C) 놀이공원에서

23. Sally는 Krista에 대해 어떻게 느낍니까?

(A) 행복한
(B) 걱정하는
(C) 고마운

24. Sally는 왜 소리를 지를까요?

(A) 겁먹어서
(B) 웃을 수 없어서
(C) 친구들이 작은 점으로 보여서

25. 무엇이 Sally가 두려움에 맞설 수 있도록 가장 많이 도왔습니까?

(A) 그녀는 친구가 있었다.
(B) 그녀는 천천히 뛰어들었다.
(C) 그녀는 눈을 감았다.

26. Lulu는 새에 대해 무엇을 좋아하지 않았습니까?

(A) 그것이 그녀의 머리카락 속으로 날아왔다.
(B) 그것이 노래 부르는 것을 멈추지 않으려 했다.
(C) 그것이 모든 것을 먹어 치웠다.

27. Lulu는 제일 먼저 어디로 갔습니까?

(A) 빵집으로
(B) 과일 가게로
(C) 채소 가게로

28. 빵집 주인의 아들은 Lulu의 노래를 어떻게 생각했습니까?

(A) 형편없다
(B) 아름답다
(C) 소리가 너무 크다

29. 새는 왜 날아갔습니까?

(A) 빵집 주인 아들이 그렇게 하라고 말해서
(B) 아름다운 노래를 부르고 싶어서
(C) Lulu의 노래를 듣고 싶지 않아서

[26-29]

M: Once there lived a woman named Lulu who was always singing to herself. One sunny day, Lulu went to the market to buy fresh fruits and vegetables. She was humming along and suddenly a bird flew straight into her hair! Lulu's singing quickly stopped and turned into a screeching noise. "Ahh, help! There's something in my hair!"

Lulu quickly ran to the fruit stand and asked Gary if he could help her remove the bird. Gary tried to get the bird out by feeding it a grape, but the bird refused to move. Lulu then went to the vegetable stand to see if Mary could help. Mary tried to poke the bird with a carrot stick, but the bird broke the carrot in half with its beak.

Lulu was really worried now that the bird would never leave her hair, so she began singing again. Then, she stumbled towards the bakery not knowing what to do and spotted the baker's son sitting on the steps. "Hey Miss Lulu, let me try getting the bird out," said Larry. Lulu bent down so the boy could whisper something to the bird.

All of a sudden, the bird jumped out of Lulu's hair, singing a pretty melody as it flew away. "How did you do that, Larry?" asked Lulu. "I told the bird if it didn't leave soon, it would have to listen to your singing all day long," laughed Larry.

M: 옛날에 항상 혼자 노래를 흥얼거리는 Lulu라는 여자가 살고 있었습니다. 어느 화창한 날, Lulu는 신선한 과일과 채소를 사러 시장에 갔습니다. 그녀는 콧노래를 부르며 가던 중 갑자기 새 한 마리가 단숨에 그녀의 머리카락 속으로 날아 들었습니다! Lulu의 노래는 곧 멈췄고 외마디 소리로 바뀌었습니다. "아, 도와줘요! 내 머리카락에 뭐가 있어요!"

Lulu는 재빨리 과일 가게로 뛰어가서 Gary에게 새를 없애줄 수 있는지 물었습니다. Gary는 포도 한 알을 줘서 새를 꺼내보려고 했지만 새는 움직이기를 거부했습니다. 그러자 Lulu는 채소 가게로 가서 Mary가 도와줄 수 있는지 알아보았습니다. Mary는 당근으로 새를 찔러보려고 했지만 새는 부리로 당근을 반으로 부러뜨렸습니다.

Lulu는 새가 그녀의 머리카락에서 영영 떠나지 않을까 이제 정말 걱정이 되었고, 그래서 다시 노래를 부르기 시작했습니다. 그러더니 막막해하며 빵집을 향해 휘청거리면서 걷다가 계단에 앉아있는 빵집 주인의 아들을 보았습니다. "안녕하세요 Lulu양, 제가 새를 꺼내보도록 하죠," Larry가 말했습니다. Lulu가 몸을 굽히자 소년이 새에게 무언가를 속삭일 수 있었습니다.

갑자기 새가 Lulu의 머리카락에서 뛰어나오더니 아름다운 노래를 부르며 날아가버렸습니다. "어떻게 한 거니, Larry?" Lulu가 물었습니다. "저는 새에게 빨리 떠나지 않으면, 하루 종일 당신의 노래를 들어야만 할거라고 말해줬어요." Larry가 소리 내어 웃었습니다.

[30-32]

M: Leonardo da Vinci is a very famous Italian artist. He was born in 1452. That was over 500 years ago!

Leonardo was a smart young boy. At age 14, he began his education in the arts. He studied painting, drawing, and sculpture.

He grew up to be one of the greatest painters of all time. His most famous painting is in Paris called the Mona Lisa. The Mona Lisa is well known for her smile. The painting of her is priceless, meaning no one can buy it. It has been loved by many people around the world.

Leonardo was an expert in science as well as the arts. Besides the arts, he was interested in math, engineering, and architecture. He even studied music, writing, and outer space.

All of this knowledge helped Leonardo to draw the many ideas he had. These drawings led to important future inventions. We have bicycles, helicopters, and parachutes now with the help of his ideas.

Today, Leonardo is remembered as a great thinker and one of the most talented people in history. This was all due to his curiosity, creativity, and imagination.

M: 레오나르도 다 빈치는 매우 유명한 이탈리아 출신의 예술가입니다. 그는 1452년에 태어났습니다. 500여년 전의 일이었습니다.

레오나르도는 똑똑한 소년이었습니다. 14살에 그는 예술분야의 교육을 받기 시작했습니다. 그는 회화, 드로잉, 그리고 조각을 공부했습니다.

그는 자라서 역대 가장 훌륭한 화가 중 한 명이 되었습니다. 그의 가장 유명한 그림은 모나리자라고 불리는 것으로 파리에 있습니다. 모나리자는 그 미소로 유명합니다. 모나리자 그림은 누구도 살 수 없을 만큼 대단히 귀중합니다. 그것은 전 세계적으로 많은 사람들의 사랑을 받아왔습니다.

레오나르도는 예술뿐만 아니라 과학에서도 전문가였습니다. 예술 외에도 그는 수학, 공학, 그리고 건축학에 관심이 있었습니다. 음악, 작문, 그리고 우주 공간까지도 그는 공부했습니다.

이 모든 지식 덕분에 레오나르도는 그가 가진 아이디어를 그림으로 그릴 수 있었습니다. 이 그림들은 나중에 중요한 발명품이 되었습니다. 그의 아이디어들 덕분에 지금 우리는 자전거, 헬리콥터, 그리고 낙하산을 가지게 되었습니다.

오늘날 레오나르도는 위대한 사상가 그리고 역사적으로 가장 재능 있는 사람들 중의 한 명으로 기억되고 있습니다. 이것은 모두 그의 호기심, 창조성, 그리고 상상력 덕분입니다.

30. 레오나르도는 무엇을 공부했습니까?

(A) 연기하는 방법
(B) 요리하는 방법
(C) 물건을 만드는 방법

31. 레오나르도에 대한 무엇이 사실입니까?

(A) 그는 12살에 예술분야 공부를 시작했다.
(B) 그의 가장 유명한 그림은 런던에 있다.
(C) 그는 수학과 건축학에 관심이 있었다.

32. 글에서 레오나르도를 설명해주는 말이 아닌 것은 무엇입니까?

(A) 재능이 있는
(B) 특별한 기술이 없는
(C) 창조력이 있는

[33-35]

W: What's it like when you're sick? Well, you usually sneeze, cough, and don't feel well. Can you imagine a flower coughing? Or a tree sneezing? Well, trees get sick, too!

There are many signs to tell if a tree is sick. It may lean to one side or you might be able to see sores on its bark. If there are many dead branches that fall off the tree, that may also be a sign.

How do trees even get sick? Just like humans, trees can be infected by bacteria or viruses. They just can't cover their mouths to avoid them like we can. Trees can also get sick from chemicals, not getting enough water, or the weather. Do you think a tree can put a jacket on when it's cold out? Not like you and I can!

Catching a cold or getting an ear infection is common illness for humans. A tree's most common illnesses attack their leaves, twigs, flowers, fruits, and roots.

How can we help the trees? We can watch for the symptoms if a tree is sick, and then contact a tree expert to come and help. They know ways to identify, cure, and give advice on how to help the tree stay healthy.

The trees give us humans so much. Let's make sure we care for them, too!

W: 여러분은 아플 때 어떤가요? 자, 여러분은 보통 재채기를 하고, 기침을 하고, 그리고 컨디션이 좋지 않습니다. 꽃이 기침하는 것을 상상할 수 있습니까? 나무가 재채기하는 것은요? 자, 나무들도 병에 걸립니다!

나무가 아픈지 알려주는 신호는 많이 있습니다. 나무가 한 쪽으로 기운다거나 나무껍질에 난 상처를 볼 수 있을 겁니다. 나무에서 죽은 가지가 많이 떨어진다면, 그 또한 신호일 수 있습니다.

나무들은 어떻게 병에도 걸릴까요? 인간들과 마찬가지로 나무들도 박테리아나 바이러스에 감염될 수 있습니다. 나무들은 우리가 하는 것처럼 그것들을 피하기 위해 입을 가릴 수 없을 뿐입니다. 또한 나무들은 화학 약품, 충분한 물을 얻지 못하는 것, 또는 날씨 때문에 병에 걸릴 수 있습니다. 밖이 추울 때 나무가 재킷을 걸칠 수 있을까요? 여러분이나 나처럼 할 수는 없습니다.

감기에 걸리거나 중이염에 걸리는 것은 인간에게는 흔한 질병입니다. 나무가 걸리는 가장 흔한 질병은 나뭇잎, 잔가지, 꽃, 열매, 그리고 뿌리를 공격합니다.

어떻게 하면 우리가 나무들을 도울 수 있을까요? 나무가 아픈지 증상을 살펴보고, 나무 전문가에게 연락 해서 도와달라고 할 수 있습니다. 그들은 진단하고, 치료하는 방법을 알고 있고, 나무들이 건강하게 지낼 수 있도록 도울 수 있는 조언을 줍니다.

나무는 인간에게 참 많이 줍니다. 우리도 반드시 그들을 보살피도록 합시다.

33. 나무가 아픈지 어떻게 알 수 있습니까?

(A) 똑바로 서 있다
(B) 가지들이 많이 자란다
(C) 나무껍질에 상처가 있다

34. 나무는 무엇에 의해 감염될 수 있습니까?

(A) 박테리아
(B) 야생화
(C) 중이염

35. 나무를 돕는 것이 아닌 것은 무엇입니까?

(A) 나무 전문가를 부른다
(B) 화학 약품을 준다
(C) 증상을 살펴본다

[36-39]

M: Can you guess who the fastest swimmer in the world is? American Michael Phelps has won 28 Olympic medals in his swimming career. However, at the 2019 FINA World Championships, another American swimmer Caeleb Dressel broke Michael's 100-meter butterfly record.

Now what exactly is "the butterfly"? The butterfly stroke looks like butterfly wings because the swimmer's arms swing out and around very fast. The kick for the butterfly stroke resembles a dolphin's kick. You hold your legs together and move them up and down at the same time. The dolphin's kick is very powerful through the water. The stronger the kick, the faster you go.

Interestingly, the butterfly stroke originated from the breaststroke. However, in the breaststroke, the feet move inward and backward by kicking. You basically look like a frog swimming in a pond.

There are two other strokes as well. The front crawl known as the "freestyle," is the fastest swimming stroke. You lie on your stomach and kick your feet up and down fast.

The backstroke is an upside-down version of the front crawl. It's the same swimming stroke, but you lie on your back instead.

The front crawl, backstroke, butterfly, and breaststroke are all used in swimming competitions. So, when you're sitting on the couch watching the Olympic swimmers, look for all four strokes!

M: 세계에서 가장 빠른 수영선수가 누구인지 아십니까? 미국인 Michael Phelps는 그의 수영 경력에서 28개의 올림픽 메달을 획득했습니다. 하지만 2019년 FINA 세계 챔피언십에서 다른 미국인 수영선수 Caeleb Dressel이 Michael의 100미터 접영 기록을 깼습니다.

자, "접영"이란 정확히 무엇입니까? 접영은 수영선수의 팔이 매우 빠르게 밖으로 둥글게 돌기 때문에 나비의 날개처럼 보입니다. 접영에서의 발차기는 돌고래의 발차기를 닮아있습니다. 두 다리를 모으고 동시에 위 아래로 움직입니다. 돌고래의 발차기는 물 속에서 매우 강력합니다. 발차기가 강할수록 더 빨리 나아갈 수 있습니다.

흥미롭게도 접영은 평영에서 유래됐습니다. 하지만 평영에서는 발차기를 함으로써 두 발이 안쪽으로 그리고 뒤쪽으로 움직입니다. 근본적으로 연못에서 수영하는 개구리와 같습니다.

또 다른 두 가지 영법도 있습니다. 자유형으로 알려진 front crawl은 가장 빠른 영법입니다. 수면에 배를 대고 누워서 빠르게 발을 위 아래로 차는 것입니다.

배영은 자유형의 반대입니다. 같은 영법이지만 대신에 수면에 등을 대고 눕는 것입니다.

자유형, 배영, 접영과 평영 모두 수영대회에 사용됩니다. 그럼, 소파에 앉아서 올림픽에 출전한 수영선수들을 볼 때 4가지 영법을 찾아 보세요!

36. Caeleb은 어떤 영법으로 Michael을 이겼습니까?

(A) 접영
(B) 배영
(C) 평영

37. 접영의 발차기는 무엇처럼 보입니까?

(A) 개구리 발차기
(B) 나비 날기
(C) 돌고래 발차기

38. 가장 빠른 영법은 무엇입니까?

(A) 자유형
(B) 배영
(C) 평영

39. 자유형과 배영의 차이점은 무엇입니까?

(A) 수영선수의 팔이 어떻게 움직이는가
(B) 발차기를 얼마나 빠르게 하는가
(C) 얼굴이 위를 향하는가 또는 아래를 향하는가

Actual Test 3

Reading

1 (A)	2 (B)	3 (B)	4 (A)
5 (A)	6 (C)	7 (C)	8 (A)
9 (B)	10 (B)	11 (B)	12 (C)
13 (B)	14 (A)	15 (B)	16 (C)
17 (A)	18 (C)	19 (A)	20 (C)
21 (B)	22 (C)	23 (A)	24 (C)
25 (B)	26 (A)	27 (A)	28 (C)
29 (B)	30 (C)	31 (C)	32 (B)
33 (C)	34 (A)	35 (B)	36 (A)
37 (B)			

1. 날씨가 덥습니다. 달리는 사람은 언덕을 오르고 긴 길을 내려가며 달립니다. 그녀는 아주 먼 길을 달리고, 그녀의 셔츠는 젖습니다.
그녀의 셔츠에는 _____ 이 있습니다.

   (A) 땀
   (B) 거리
   (C) 늪

2. 당신은 그 케이크가 어떤 맛인지 알지 못합니다. 당신은 그것이 단지 짠지 궁금합니다. 당신은 그것을 입에 넣고 입 안에서 돌려봅니다. 당신은 케이크를 당신의 _____ 위에 놓습니다.

   (A) 오늘 밤
   (B) 혀
   (C) 언어

3. 당신은 당신의 필기를 공부할 것입니다. 당신은 모든 단어를 기억하고 플래시카드를 사용합니다. 당신은 시험을 잘 칠 것입니다
당신은 당신의 필기를 _____ 할 것입니다.

   (A) 지지하다
   (B) 암기하다
   (C) 측정하다

4. 사냥꾼은 춥습니다. 그는 따뜻해지기 위해 불을 피우길 원합니다. 사냥꾼은 불을 피우기 위해 나무가 필요합니다. 그래서 숲으로 나무를 구하러 갑니다. 사냥꾼은 나무를 _____ 할 것입니다.

   (A) 모으다
   (B) 제거하다
   (C) 응시하다

5. 밖에는 비가 오고 있고 아이들은 집을 나갈 수 없습니다. 가지고 놀 것이 없습니다. 아이들은 하품을 하고 지칩니다.
아이들은 _____ 합니다.

   (A) 지겨운
   (B) 다른
   (C) 단단한

6. 기사는 용을 봅니다. 용은 기사를 먹으려 합니다. 기사는 도망가지 않고 용과 싸웁니다. 기사는 _____ 합니다.

   (A) 간단한
   (B) 소심한
   (C) 용기있는

7. 누군가 여왕의 왕관을 가져갔습니다. 여왕은 경찰을 부르고 경찰은 많은 질문을 합니다. 그는 단서를 찾습니다.
경찰은 누가 그것을 가져갔는지 _____ 할 것입니다.

   (A) 내던지다
   (B) 줄이다
   (C) 찾다

[8-11] 메뉴를 보고 8-11번 질문에 답하세요.

Westside Elementary School
이번 주 점심메뉴

다음을 기억해 주세요: 식사를 한 후 휴지는 휴지통에, 남은 음식은 음식물 쓰레기통에, 식판은 카트 위에 놓아주세요.

	식사 선택1	식사 선택2	에피타이저	디저트
월요일	튀김닭	옥수수	매쉬포테토	머핀
화요일	타코	칠리	검정콩	아몬드비스켓
수요일	파스타	소시지소세	고구마튀김	요거트와 그래놀라
목요일	그릭샐러드	라자냐	마늘빵	아이스크림
금요일	햄버거	핫도그	감자튀김	초코렛칩 브라우니

*모든 식사는 과일컵(블루베리, 시과슬라이스, 딸기)과 야채(당근, 샐러리)가 포함되어 있습니다.

8. 식사 후 식판은 어디에 두어야 합니까?

   (A) 카트 위에
   (B) 음식물 쓰레기통 안에
   (C) 쓰레기통 위에

9. 과일컵에 포함되지 않은 것은 무엇입니까?

   (A) 블루베리
   (B) 오렌지
   (C) 딸기

10. 수요일 디저트는 무엇입니까?

Answer Key 27

(A) 아몬드 비스켓
(B) 요거트와 그래놀라
(C) 아이스크림

11. 학생들이 마늘빵을 받는 날은 언제입니까?

    (A) 화요일
    (B) 목요일
    (C) 금요일

[12-13] 이메일을 읽고 12-13번 질문에 답하세요.

> 받는 사람: 학생들
> 보낸 사람: Mr. Muth
> 주제: 6학년 수업 세부 사항
>
> 학생 여러분, 안녕하세요. 4월 25일 우리는 역사 수업 시간에 특별한 손님을 초대할 것입니다. 우리의 손님은 오후 1시 30분에 와서 한 시간 동안 우리와 이야기 할 것입니다. 그녀의 이름은 Li Na이고 Stanford University의 역사 전공 교수님입니다. 그녀는 19세기를 위주로 아시아 국가의 역사에 대해 이야기 할 것입니다. 저는 여러분 모두가 아시아 역사에 관하여 Na교수님께 질문 한 개씩 준비하기를 원합니다. 교수님의 프레젠테이션 중에는 주의 깊게 듣고 예의있게 행동해 주세요. 만약 질문이 있는 경우 저에게 질문해 주세요.
>
> Muth 선생님이

12. 4월 25일에는 무슨 일이 있습니까?

    (A) 학생들의 역사 수업이 취소됩니다.
    (B) 학생들이 Stanford 대학으로 갈 예정입니다.
    (C) 학생들이 초대 손님을 맞을 예정입니다.

13. Muth 선생님은 학생들이 무엇을 하기 원합니까?

    (A) 프리젠테이션 전 아시아 역사에 대해 공부하기
    (B) Na교수님께 할 질문 하나 준비하기
    (C) Na 교수님과 그녀의 역사에 대하여 배우기

[14-15] 이메일을 읽고 14-15번 질문에 답하세요.

> 받는 사람: Pets World
> 보낸 사람: Ronald
> 주제: 애완 동물관련 질문
>
> 안녕하세요, 우리는 최근에 새로운 강아지를 얻었고 몇 가지 궁금한 점이 있습니다. 우리 강아지는 6개월 밖에 되지 않았고 에너지가 엄청 많습니다. 우리는 강아지를 사랑하지만 문제는 그녀가 우리 말을 잘 듣지 않는다는 것입니다. 그녀는 물건을 씹고 짖으며 항상 도망칩니다. 우리는 그녀가 앉기, 가만히 있기, 눕기와 같은 기본적인 기술을 배우기 원합니다. 거기에서는 주말에 강아지 훈련 수업을 제공하나요? 우리는 새로운 강아지와 함께 들러서 기본적인 개 훈련 기술에 대해 배우고 싶습니다. 시간이 있으실 때 그곳에서 운영하는 수업 스케줄을 보내주실 수 있으세요?
>
> Ronald 드림

14. 그들의 강아지가 하지 않는 것은 무엇입니까?

    (A) 눕기
    (B) 많이 짖기
    (C) 도망가기

15. Ronald는 무엇을 배우기 원합니까?

    (A) 왜 그의 강아지에게 에너지가 넘치게 많은 지
    (B) 몇 가지 강아지 훈련 기초 기술
    (C) Pet World가 주말에 오픈하는지 여부

[16-17] 이메일을 읽고 16-17번 질문에 답하세요.

> 받는 사람: Teddy
> 보낸 사람: Gina
> 제목: 배구 연습
>
> 잘 지내고 있어? 다음 주에 우리 배구팀이 West Allis팀과 경기가 있어. 그들이 최고의 팀이라 나는 좀 걱정이야. 우리가 챔피언십에 가려면 한 경기를 더 이겨야 하거든. 네가 생각하기에 경기 전 우리 배구팀이 모일 수 있을 것 같니? 내가 레크레이션 센터에 전화해서 한 시간 동안 코트를 예약할 수 있어. 우리 하교 후 3시에서 4시 사이 만날 수 있어. 네가 우리팀 주장이라 너에게 먼저 물어보고 싶었어. 너는 어떻게 생각하니? 작년에 우리가 2등을 했는데 내 생각에 올해는 우리가 우승을 할 수 있을 것 같아. 우리팀은 West Allis와의 경기 전에 좀 더 연습이 필요할 뿐이야. 팀에 이야기한 후 팀원들이 어떻게 이야기 하는지 알려줄래? 고마워.
>
> 곧 만나자
> Gina

16. Gina는 왜 걱정하고 있습니까?

    (A) 그녀는 아무도 연습을 원하지 않을 것이라고 생각해서
    (B) 그녀는 팀의 주장이 아니기 때문에
    (C) 그들이 가장 잘하는 배구팀과 경기할 예정이기 때문에

17. 왜 Gina는 Teddy에게 먼저 물어보기 원했습니까?

    (A) 그가 팀의 주장이기 때문에
    (B) 그가 West Allis팀을 알기 때문에
    (C) 그가 최고 선수이기 때문에

[18-20] 안내문을 읽고 18-20번 질문에 답하세요.

> 자신만의 야광 해파리 만들기
>
> 바다에서 발견되는 가장 놀라운 생물 중 하나는 해파리입니다. 해파리가 바다를 따라 미끄러지는 방식은 정말 놀랍습니다. 그들은 아름답고 밝은 색상을 가지고 있습니다. 오늘은 간단한 방법으로 해파리 만드는 법을 배울 것입니다. 방법은 다음과 같습니다.
>
> 준비물:
> - 종이접시
> - 가위
> - 흰색 털실
> - 지퍼 샌드위치 백
> - 야광 페인트
> - 날카로운 연필
> - 페인트 붓

방법:
1. 접시를 안팎으로 칠하십시오. 두 가지 이상의 색상을 사용하고 매우 밝게 만드세요.
2. 촉수를 만들기 위해, 털실 10-12개를 1미터 길이로 자릅니다.
3. 털실을 샌드위치 백에 넣습니다. 야광 페인트를 부은 후 지퍼백을 밀봉하세요.
4. 털실이 완전히 덮일 때까지 백을 누르십시오. 필요한 경우 페인트를 더 추가하세요.
5. 털실을 걸어서 말리세요.
6. 접시 중앙에 연필로 두 개의 구멍을 뚫습니다.
7. 털실을 한 가닥 잡고 두 구멍을 통해 밀어 넣으세요.
8. 접시 안쪽에 작은 고리를 만듭니다.
9. 털실을 접시 안쪽의 고리를 통과하여 밀어냅니다. 촉수는 접시 안쪽에서 아래로 떨어지도록 달아주세요.
10. 접시를 뒤집어 상단에 이중 매듭을 묶습니다.
11. 해파리를 걸어놓고 즐길 수 있는 좋은 장소를 찾으세요!

18. 접시를 칠할 때는 몇 가지 색으로 칠해야 합니까?
   (A) 10-12색
   (B) 2가지 색보다 적게
   (C) 2가지 또는 그 이상 색

19. 샌드위치 백을 왜 누르고 있어야 합니까?
   (A) 털실을 페인트로 잘 덮기 위하여
   (B) 털실이 부드러워지게 하기 위하여
   (C) 손을 페인트로 칠하기 위하여

20. 마지막에 접시를 뒤집은 후에 무엇을 해야 합니까?
   (A) 그것을 걸어 둘 좋은 장소 찾기
   (B) 털실을 고리를 통해 밀어내기
   (C) 상단에 이중매듭 묶기

[21-23] 안내문을 읽고 21-23번 질문에 답하세요.

하이쿠 쓰는 법

오래된 조용한 연못
개구리가 연못으로 뛰어 든다
풍덩! 다시 조용해 진다

이것은 일본에서 유명한 세 줄 시인 하이쿠입니다. 어떤 사람들에게는 시를 쓰는 것이 어려울 수 있습니다. 그러나 하이쿠는 간단한 규칙만 있으므로 누구나 쓸 수 있습니다.
다음과 같은 간단한 방법으로 자신의 하이쿠를 써보세요.

하이쿠 구조:
1. 행은 3개, 음절은 총 17개 입니다.
2. 첫 줄은 5음절 이어야 합니다.
3. 두 번째 줄은 7음절 이어야 합니다.
4. 세 번째 줄은 다시 5음절 이어야 합니다.
5. 하이쿠는 다른 형태의 시와 달리 운율이 없어도 됩니다.
6. 단어나 소리의 반복을 포함해도 됩니다.

하이쿠 작성 방법에 대한 몇 가지 팁:
1. 관심있는 주제를 몇 가지 적는 것으로 시작하십시오.
2. 하나의 주제를 선택하세요. 그것을 종이에 적습니다.
3. 주제 주위로 주제와 관련된 단어를 적습니다.
4. 이제 가장 좋아하는 단어를 선택하십시오.
5. 이 단어와 주제를 사용하여 하이쿠를 써보세요.

21. 하이쿠의 올바른 음절 순서는 무엇입니까?
   (A) 7음절, 5음절, 7음절
   (B) 5음절, 7임절, 5음절
   (C) 5음절, 5음절, 7음절

22. 몇 가지 주제를 적은 다음 무엇을 해야 합니까?
   (A) 하이쿠를 쓴다.
   (B) 좋아하는 단어를 선택한다.
   (C) 주제를 하나 정한다.

23. 글에서 운율을 언급한 이유는 무엇입니까?
   (A) 하이쿠는 운율을 맞추지 않아도 된다는 것을 이야기하기 위하여
   (B) 모든 시에는 운율이 있다는 것을 이야기하기 위하여
   (C) 주제를 예로 들기 위하여

[24-27] Tim에 대한 이야기를 읽고 24-27번 질문에 답하세요.

"엄마, 빨리요. 같이 가요!" 엄마가 오기를 기다리는 동안 Tim은 차 안에서 소리 쳤습니다. Tim, 그의 누나 그리고 그의 어머니는 Bradford Beach에 가는 길이었습니다. 그 날은 아름다운 여름이었고, Tim이 오직 하고 싶었던 것은 수영하러 가는 것이었습니다.
"침착해, Tim. 엄마 가고 있어. 지난번처럼 뭔가를 잊고 가지 않으면 좋겠구나."Tim의 어머니가 말했습니다.
올 여름 Tim의 목표는 수영을 더 잘하는 것이었습니다. 지난 여름 그는 자유형 하는 법을 배웠습니다. 이제 그는 평영, 배영 및 접영을 배우고 싶어 합니다. 그의 수영 코치는 접영이 가장 어렵다고 말했습니다. Tim의 누나는 훌륭한 수영 선수이며 그가 수영을 배우는 데 도움을 주고 있었습니다.
"Tim, 우리가 물에 도착하면 배영 먼저 연습하자." 팀의 누나인 Rachel이 말했습니다. "좋아. 내 생각에 내가 곧 누나에게 수영 더 잘 하는 방법을 가르치게 될 것 같아." Tim이 농담을 했습니다.
겨울동안 Tim과 Rachel은 체육관에 있는 수영장에서 연습을 했습니다. 그곳에서 연습하는 것도 좋지만 두 사람 모두 바다로 나와 야외 수영하는 것을 더 좋아합니다. 그것은 두 사람이 여름에 하는 가장 좋아하는 일입니다.
Tim의 엄마가 차를 주차장에 주차하는 동안 Tim은 차가 완전히 주차도 하기 전 거의 뛰어나갈 기세였습니다. 그는 빠르게 적당한 자리를 찾아 그의 물건들을 내려놓은 후 바다로 곧장 뛰어들었습니다.
"누나 빨리와. 빨리!" Tim이 물에서 소리쳤습니다.

24. 무엇에 대한 이야기입니까?
   (A) Tim과 Rachel의 여름방학
   (B) 수영장과 바다 중 어디가 더 나은지

(C) Tim의 수영에 대한 사랑

25. 이번 여름 Tim의 목표는 무엇입니까?

(A) 지난 번처럼 무엇인가를 잊지 않는 것
(B) 수영을 더 잘하게 되는 것
(C) 자유형 하는 방법을 배우는 것

26. Tim의 수영코치는 수영에 대하여 무엇이라고 말했습니까?

(A) 접영이 가장 어려운 영법이다.
(B) 평형이 가장 쉽다.
(C) Rachel은 훌륭한 수영선수이다.

27. Tim의 엄마가 주차를 한 후 Tim은 무엇을 했습니까?

(A) 그는 바다로 뛰어 들어갔다.
(B) 그는 농담을 했다.
(C) 그는 그의 누나를 기다렸다.

[28-31] Sofia와 Harper의 이야기를 읽고 28-31번 질문에 답하세요.

> 소피아와 하퍼는 할머니를 만나러 가는 것을 좋아합니다. 할머니는 항상 그들에게 많이 친절하고 최고로 맛있는 초코칩 쿠키를 만들어 주십니다. 그러나 그들이 함께 이야기 할 때 그들에게 질문하는 것은 항상 할머니입니다.
> "학교 생활은 어떠니? 성적은 어떠니? 열심히 공부하고 있니? 친구는 많이 사귀었니?"라고 할머니는 물어보십니다.
> 그러나 Sophia와 Harper는 그들의 할머니에 대하여 더 알기를 원했습니다. 할머니 집의 지하실에는 옷, 트로피, 상 등과 같은 오래된 물건들로 가득 차 있습니다. 그들의 계획은 할머니와 함께 지하실로 들어가서 이것들에 대하여 할머니에게 물어보는 것입니다. 이것이 그들의 할머니에 대하여 더 많이 알 수 있는 그들의 방법이 될 것입니다.
> "할머니, 이 볼링 트로피 할머니 거예요?" Sophia가 물었습니다.
> "오, 물론 그렇지. 내가 젊었을 때, 지금보다 훨씬 더 젊었을 때 난 우수한 볼링선수였단다. 내가 16살 때 시에서 주최하는 볼링 대회에 나가서 이 트로피를 받았지."라고 할머니는 말씀하셨습니다.
> "와우, 저는 그것을 몰랐어요. 이것은 뭐예요?" Harper가 할머니 할아버지가 이집트에서 찍은 오랜 사진을 집어 들며 물었습니다.
> "그것은 1975년 우리가 이집트로 여행가서 찍은 사진이란다. 정말 멋진 여행이었지! 우리는 피라미드를 보았고, 사막을 건너는 낙타 트레킹도 하고, 맛있는 이집트 음식도 먹었어." 할머니가 그 여행을 기억하며 답하셨습니다.
> 그 날 Sophia, Harper 그리고 할머니는 지하실에서 여러 시간을 보냈습니다. 이제 Sophia와 Harper가 질문을 하고 있었습니다. 그들은 할머니에 대하여 굉장히 멋지고 흥미있는 일들을 많이 알게 되었습니다. Sophia와 Harper의 다음 계획은 할머니를 좀 더 자주 방문하는 것입니다.

28. 무엇에 대한 이야기입니까?

(A) 할머니집의 지하에 있는 모든 것들
(B) 할머니의 이집트 모험
(C) Sophia와 Harper가 할머니에 대하여 알아가는 것

29. Sofia와 Harper가 할머니에 대하여 가장 처음 물었던 것은 무엇입니까?

(A) 오래된 사진
(B) 볼링 트로피
(C) 이집트 여행

30. 할머니는 16살 때 무엇을 했습니까?

(A) 볼링치는 방법을 배웠음
(B) 그녀의 물건들을 지하실로 옮겼음
(C) 볼링 대회에서 우승했음

31. Sofia와 Harper의 다음 계획은 무엇입니까?

(A) 그들의 할머니에게 더 많은 질문을 하는 것
(B) 그들의 할머니를 더 자주 찾아 뵙는 것
(C) 할머니의 질문에 답하는 것

[32-33] 거짓말에 대하여 읽고 32-33번 질문에 답하세요.

> 우리 모두가 피노키오 같다면 사람이 언제 거짓말을 하고 있는지 쉽게 알 수 있을 것입니다. 피노키오는 거짓말을 하면 코가 더 길어지곤 했습니다. 하지만, 우리는 피노키오가 아니며 우리의 코는 자라지 않습니다. 누군가가 거짓말을 하는 지 진실을 말하는 지 아는 것은 중요합니다. 이것을 알 수 있는 몇 가지 간단한 방법들이 있습니다. 예를 들어, 어떤 사람이 이야기를 하면서 세부사항을 말할 수 없을 때, 그 사람은 거짓말을 하고 있을 수 있습니다. 어떤 사람이 대답하기 전에 질문을 몇 번이고 반복할 때, 그는 거짓말을 하고 있는지도 모릅니다. 또는, 사람이 머리를 많이 만지작 거리거나 눈을 마주치지 않을 때, 그는 거짓말을 하고 있을 수 있습니다. 누군가 거짓말을 하고 있는 지를 알아차리는 것은 중요합니다. 그러므로 여러분들은 이 조언들을 최선을 다해 기억하세요.

32. 이것은 무엇에 대한 내용입니까?

(A) 거짓과 진실의 차이점
(B) 누군가 거짓말을 할 때를 아는 방법
(C) 왜 사람들이 거짓말을 하는지

33. 누군가 거짓말을 하고 있는지 아는 방법이 아닌 것은 무엇입니까?

(A) 그들은 이야기의 상세내용을 말하지 못한다.
(B) 그들은 누군가의 질문을 반복한다.
(C) 그들은 시선을 많이 맞춘다.

[34-35] 플라스틱에 대하여 읽고 34-35번 질문에 답하세요.

> 플라스틱은 어디에나 있습니다. 카페, 식료품점, 영화관 그리고 우리의 바다에서도 볼 수 있습니다. 환경오염을 해결하는 데 가장 큰 과제 중 하나는 일회용 플라스틱을 사용하는 것입니다. 일회용 플라스틱이란 빨대, 비닐 봉지, 음식 포장지 등과 같이 한 번만 사용하고 버리는 플라스틱입니다. 많은 일회용 플라스틱이 결국 우리의 바다로 버려지고 있습니다. 과학자들은 해마다 880 만 톤의 플라스틱이 바다에 버

려지고 있다고 추정합니다. 아무런 조치도 취하지 않으면 이 양은 2050년까지 3배가 될 수 있습니다. 700 종 이상의 해양 동물이 플라스틱을 먹은 것으로 보고 되었습니다. 또한 동물들은 플라스틱에 얽혀 꼼짝 달싹 할 수 없게 되거나 심지어 죽기도 합니다. 우리는 너무 늦기 전에 바다를 구하는데 도움이 될 수 있도록, 우리의 습관을 바꿔야합니다. 우리가 할 수 있는 몇 가지 간단한 것들이 있습니다. 플라스틱 빨대나 비닐 봉지를 사용하지 말고, 재사용 가능한 물병을 사용하고, 쓰레기를 버리지 말아 주세요.

34. 일회용 플라스틱의 예가 아닌 것은 무엇입니까?

    (A) 재사용 가능한 물병
    (B) 빨대
    (C) 음식물 포장지

35. 2050년이 되면 무엇이 세 배가 됩니까?

    (A) 플라스틱을 먹은 동물들
    (B) 바다에 버려진 플라스틱의 양
    (C) 일회용 비닐의 숫자

[36-37] 풍력 에너지에 대하여 읽고 36-37번 질문에 답하세요.

요즘 기후가 매우 심각한 걱정거리입니다. 전 세계의 사람들은 기후 변화에 대해 목소리를 높이고 있습니다. 이러한 변화의 일부는 화석 연료에서 재생 가능한 에너지로의 전환의 필요성입니다. 인기있는 신재생 에너지의 한 예로 풍력에너지가 있습니다. 풍력 에너지는 풍력 터빈을 이용하여 전기를 생산할 수 있습니다. 풍력 터빈은 큰 날을 가진 거대한 선풍기처럼 보입니다. 그것들은 보통 높이가 200에서 300 피트 사이고, 길이가 약 100피트 정도 되는 날개들을 가지고 있습니다. 바람이 이 부채날들을 돌리면, 그 날들은 터빈 안의 긴 금속 조각을 돌립니다. 터빈이 회전하면서 전기를 생산합니다. 평균적으로, 하나의 풍력 터빈은 1년 돌리면 2,500가구에 충분히 제공할 수 있는 전기를 만들 수 있습니다. 바람을 최대한 이용하기 위해 에너지 회사들은 바람부는 지역에 주로 풍력 발전소를 건설합니다. 풍력 발전소는 육지나 바다에 건설될 수 있으며, 적게는 몇 개의 풍력 터빈에서 수천 개의 풍력 터빈을 가지고 있습니다. 가장 큰 풍력 발전소는 4,800개가 넘는 풍력 발전기가 있는 캘리포니아 사막에 있습니다. 풍력 터빈의 성공은 사람들, 기후, 그리고 지구에게 매우 긍정적인 뉴스였습니다.

36. 풍력 터빈 날개의 길이는 얼마입니까?

    (A) 약 100피트
    (B) 약 200피트
    (C) 약 300피트

37. 하나의 풍력 터빈이 2,500가구에 제공하는 전기를 만드는데 걸리는 시간은 얼마입니까?

    (A) 1개월
    (B) 1년
    (C) 2년

Listening

1 (A)	2 (C)	3 (B)	4 (A)
5 (C)	6 (C)	7 (A)	8 (C)
9 (B)	10 (A)	11 (A)	12 (C)
13 (C)	14 (C)	15 (C)	16 (B)
17 (C)	18 (A)	19 (C)	20 (B)
21 (C)	22 (C)	23 (A)	24 (A)
25 (A)	26 (B)	27 (A)	28 (C)
29 (B)	30 (C)	31 (C)	32 (C)
33 (B)	34 (C)	35 (A)	36 (B)
37 (A)	38 (A)	39 (B)	

1. W: Maison, your backpack is on the table. Please put it by the door before you go to school today. There are important books in there that you can't forget.

   W: Maison, 네 가방이 테이블 위에 있구나. 오늘 학교에 가기 전에 그것을 문 옆에 두렴. 네가 두고 가서는 안 되는 책들이 거기 있잖니.

2. M: Thank you for listening to the rules about homework. Now that you've learned where to turn it in, please line up and put your papers in the basket. Please don't put them on my desk.

   M: 숙제에 관한 규칙을 경청해줘서 고마워요. 이제 그것을 어디에 제출해야 하는지 알았으니 줄을 서서 바구니에 숙제를 넣어주세요. 그것들을 내 책상 위에 놓지 마세요.

3. G: Mr. Williams, I want to change my reading topic from whales to dolphins. Will you please find me a book about dolphins? I thought whales would be fun to read about, but I found out dolphins are a lot more interesting.

   G: Williams 선생님, 제 읽기 주제를 고래에서 돌고래로 바꾸고 싶어요. 선생님께서 돌고래에 관한 책을 한 권 찾아주실래요? 고래에 대해 읽는 게 재미있을 거라고 생각했는데 돌고래가 훨씬 더 흥미롭다는 것을 알게 되었어요.

4. M: Hello team! There is a swimming event next weekend that I want your parents to know about. After swim practice today, I will hand out this invitation that has all of the event information. Please give it to your parents and ask them if they can come to the event.

   M: 팀원들 모두 안녕! 다음 주말에 수영대회가 있는데 너희 부모님들께서 오셨으면 한다. 오늘 수영 연습 후에 대회에 관한 정보가 모

두 담긴 이 초대장을 나눠줄 거다. 그것을 부모님께 전해드리고 대회에 오실 수 있는지 여쭤보기 바란다.

5.
G: Steven, the talent show is this Thursday! I'm very worried because we haven't practiced much. Meet me in the music room at 4:00 p.m. after school. And don't forget to bring a microphone so you can practice singing. I will go early at 3:00 p.m. to practice playing the piano.

G: Steven, 장기자랑이 이번 목요일에 있어! 우리가 연습을 많이 못했기 때문에 나는 매우 걱정이 돼. 학교 끝나고 오후 4시에 음악실에서 나를 만나. 그리고 네가 노래 연습을 할 수 있게 마이크를 가져오는 거 잊지마. 나는 오후 3시에 일찍 가서 피아노 연주를 연습하고 있을게.

6.
W: We are going to do a fun lesson today. Right now, you are all seated in small groups of four at a table. Please stand up and choose a partner. Hold your partner's hand so I know you are a pair. Then, we can begin today's lesson.

W: 오늘은 재미있는 수업을 할 거에요. 지금 여러분은 테이블에 4명씩 소그룹으로 앉아 있지요. 일어나서 파트너를 고르세요. 선생님이 짝을 알아 볼 수 있도록 파트너 손을 잡고 있으세요. 그리고 나면 오늘의 수업을 시작할 수 있어요.

7.
M: Jack, it seems to me that you have weak bones. You need more calcium. Calcium is in certain foods that make your bones grow strong. For example, calcium is found in cheese, yogurt, and milk. I want you to drink at least two full glasses of milk each day. If you don't like milk, you can eat oranges and strawberries instead. They are rich in calcium as well.

M: Jack, 내가 보기에는 네 뼈가 약한 거 같구나. 너는 칼슘이 더 필요해. 칼슘은 몇몇 음식에 들어 있는데 뼈를 튼튼하게 해준단다. 예를 들어, 치즈, 요구르트, 그리고 우유에 칼슘이 들어 있어. 선생님은 네가 매일 적어도 두 잔의 우유를 마시기 바란다. 우유를 좋아하지 않으면 대신 오렌지와 딸기를 먹어도 돼. 그것들도 칼슘이 풍부하거든.

8.
G: What did you get Jenny for her birthday present?
B: I got her a blanket and a book. I really wanted to buy her a pretty necklace, but my mom said it was too expensive.
G: I know what you mean. My dad said I could get Jenny only pajamas, but no slippers.
B: I'm sure she'll like both of our gifts because she loves reading and comfortable things.
G: I really hope so. Let's give them to Jenny now!

G: 너는 Jenny 생일선물로 무엇을 준비했어?
B: 나는 담요와 책을 준비했어. 사실 난 Jenny에게 예쁜 목걸이를 사주고 싶었는데 엄마가 그건 너무 비싸다고 하셨어.
G: 무슨 말인지 알아. 우리 아빠는 내가 Jenny한테 잠옷만 사줄 수 있고 슬리퍼는 안 된다고 하셨어.
B: Jenny는 책 읽는 거랑 편안한 것들을 좋아하니까 분명 우리 선물을 둘 다 좋아 할거야.
G: 정말 그랬으면 좋겠어. 지금 Jenny한테 선물을 주자!

소년이 Jenny에게 정말 주고 싶었던 것은 무엇입니까?

(A) 책
(B) 슬리퍼
(C) 목걸이

9.
W: We used many paints and brushes for our art project today. Time to clean them up. While I put the paints away, will you wash all the brushes?
B: Sure. Where would you like me to put the brushes after washing them?
W: Across the room, in the white cabinet, on the top shelf.
B: I cannot reach the top shelf. Can I put them on the bottom shelf instead?
W: No problem. Anywhere in the cabinet is fine.

W: 오늘 우리는 아트 프로젝트를 위해 많은 물감과 붓들을 사용했어. 이제 정리할 시간이야. 내가 물감들을 치우는 동안 붓들을 모두 씻어주겠니?
B: 네. 붓들을 씻은 다음에 어디에 둘까요?
W: 교실 건너편에 있는 하얀 캐비닛 맨 위 선반에.
B: 맨 위 선반에는 손이 닿지 않아요. 대신에 맨 아래 선반에 넣어도 될까요?
W: 되고 말고. 캐비닛 안이면 다 괜찮아.

소년은 다음에 무엇을 할까요?

(A) 물감을 치운다
(B) 붓을 씻는다
(C) 캐비닛을 흰색으로 칠한다

10.
B: Look, this is the newest version of my favorite video game. I really want to have this one.
G: You can't be serious. Do you really think mom will buy this for you?
B: Don't you think so?
G: No way! She has bought you many video games before. Also, you got three as gifts from your birthday party last month.
B: I know, but all my friends are playing this one and I don't want to feel left out. You know what I mean.
G: You can ask mom. But I doubt it'll be a good idea.
B: I'll give it a try anyway.

B: 봐봐, 이거 내가 제일 좋아하는 비디오 게임의 최신 버전이야. 나 이거 정말 갖고 싶어.
G: 너 설마 진심은 아니겠지. 너 정말 엄마가 너한테 이거 사주실 거라고 생각해?
B: 그렇게 생각하지 않아?
G: 말도 안 돼! 엄마가 이미 너한테 비디오 게임 많이 사주셨잖아. 또, 지난 달 너 생일 파티에서 선물로 3개 받았고.
B: 알아, 하지만 내 친구들은 모두 이 게임을 하고 있고, 난 소외감을 느끼고 싶지 않아. 무슨 말인지 알 거야.
G: 엄마한테 여쭤 봐. 하지만 좋은 생각인지는 모르겠어.
B: 어쨌든 여쭤볼 거야.

소년은 다음에 무엇을 할까요?

(A) 엄마한테 물어본다
(B) 친구들에게 전화한다
(C) 새 비디오 게임을 한다

11.
M: We have had two school safety tests before today. The last two times, they have been written tests. However, today we are going to learn what to do during a fire drill and then you will have a fire drill test.
G: I have practiced a fire drill before! My mom taught me what to do in case of a fire at home.
M: That's nice to know you have already practiced this before.
G: So, do I still have to take the test? I already know what to do.
M: Yes, today will be different because you are at school, not at home.
G: I guess you are right. We are in a different place.

M: 오늘 이전에 우리는 두 가지 교내 안전 시험을 봤다. 최근 두 번은 필기시험이었다. 그러나, 오늘은 소방 훈련을 하는 동안 무엇을 해야 하는지 배우고, 그리고 나서 소방훈련 시험을 볼 거다.
G: 저는 전에 소방 훈련 연습을 해봤어요! 집에 불이 난 경우에 무엇을 해야 하는지 엄마가 가르쳐주셨어요.
M: 네가 전에 이미 이 연습을 해봤다니 좋구나.
G: 그럼, 그래도 제가 시험을 봐야 할까요? 저는 이미 무엇을 해야 하는지 알고 있거든요.
M: 응, 오늘은 네가 집이 아니라 학교에 있으니까 다를 거다.
G: 선생님 말이 맞는 거 같아요. 우리는 다른 장소에 있으니까요.

소녀는 무엇을 하고 싶어 합니까?

(A) 시험을 보지 않기
(B) 시험에서 더 잘하기
(C) 소방훈련 연습하기

12.
M: Let me teach you a few rules about riding your bicycle outside.
B: I already know rule number one. Always wear your helmet!
M: Yes, your helmet protects your head if you fall.
B: I also know if I feel like I'm going too fast, I have to push on the brakes to slow down.
M: I'm glad you can tell me the two most important rules.
B: Dad, if someone is in my way, what should I do?
M: Then just ring your bicycle bell! It will make a loud ringing sound and will warn the person to move.

M: 밖에서 자전거 타는 것에 대한 몇 가지 규칙을 내가 알려줄게.
B: 저는 이미 제 1규칙을 알고 있어요. 항상 헬멧을 써라!
M: 맞아, 넘어지는 경우에 헬멧이 머리를 보호해주거든.
B: 너무 빨리 가는 거 같으면 속도를 줄이기 위해 브레이크를 밟아야 하는 것도 알고 있어요.
M: 네가 가장 중요한 두 가지 규칙을 말할 수 있으니 기쁘구나.
B: 아빠, 누군가 내 길을 막고 있으면 저는 무엇을 해야 돼요?
M: 그때는 그냥 자전거 벨을 울리렴! 그게 크게 울리는 소리를 내서 그 사람이 비키도록 경고를 할 거야.

소년이 자전거 타기에 대해 알지 못했던 것은 무엇입니까?

(A) 헬멧을 써야 한다
(B) 너무 빨리 갈 때 브레이크를 밟아야 한다
(C) 사람들이 비키도록 경고하기 위해 자전거 벨을 울려야 한다

13.
G: Mom, your garden is starting to look colorful and healthy!
W: Thank you, Mary. I've been working very hard. It is beginning to come alive again after so many years.
G: What's wrong with those flowers over there? They look brown.
W: That group of flowers is old, but I hope with lots of care they will become colorful once more.
G: What kind of care do they need?
W: Well, they need new dirt to grow in, and all of the dead leaves should be removed.
G: Do they need to be watered every day? I can help with that!
W: Yes, they do. That would be great. Thank you.

G: 엄마, 엄마의 정원이 색이 다채롭고 건강해 보이기 시작하네요!
W: 고마워, Mary. 내가 아주 열심히 가꿨거든. 여러 해가 지나고 나니 다시 살아나기 시작하는구나.
G: 저기 있는 꽃들은 뭐가 문제예요? 갈색으로 보이는데요.
W: 저 무리의 꽃들은 오래된 건데 잘 관리해서 그것들이 다시 한 번 다채로워지기를 바라고 있어.
G: 어떤 종류의 관리가 필요한 거예요?
W: 음, 자랄 수 있는 새 흙이 필요하고, 죽은 잎들은 모두 치워야 해.
G: 매일 물을 줘야 할까요? 그건 제가 도울 수 있어요!
W: 그럼, 필요하지. 좋아. 고마워.

소녀는 어떻게 오래된 꽃들을 관리할까요?

(A) 죽은 잎들을 치운다
(B) 정원에서 열심히 일한다
(C) 매일 꽃에 물을 준다

14.
M: Hi, Ashley. Next week is our school dance. Can you help us out?
G: That sounds like fun. What would you like me to do?
M: Can you think of some fun games everyone could play?
G: Do you think people will want to play games? I think they will want to dance with their friends mostly.
M: That's a good point, but the games would be a nice break if they get tired from dancing.
G: True. But I think the dance is the most important part. I would like to focus on that. I will ask James to play some music and Gabriella to get some fun lights to brighten up the dance floor.
M: That would really make the party fantastic. Thank you for doing all of that.

M: 안녕, Ashley. 다음 주에 우리 학교 무도회가 있단다. 우리를 도와주겠니?
G: 재미있겠네요. 제가 무엇을 할까요?
M: 모두가 할 수 있는 재미있는 게임 몇 가지를 생각해 볼래?
G: 교장선생님은 애들이 게임을 하고 싶어할 거라고 생각하세요? 제 생각엔 애들은 주로 친구들과 춤추고 싶어 할 거 같아요.
M: 좋은 지적인데 아이들이 춤추다가 지치면 게임이 좋은 휴식이 될 거 같아.
G: 맞아요. 하지만 저는 춤이 가장 중요한 부분이라고 생각해요. 저는 그거에 집중하고 싶어요. 제가 James에게 음악을 틀어달라고 하고, Gabriella한테는 무도회장을 밝혀줄 재미있는 조명을 준비해달라고 부탁할게요.
M: 그러면 파티가 정말 환상적이 되겠구나. 그걸 모두 해주니 고맙구나.

소녀는 무엇에 집중하고 싶어 합니까?

(A) 재미있는 게임
(B) 휴식 시간
(C) 댄스 부분

15.
M: Hi Sarah, it's your dad calling. I was at the store with your grandmother earlier today and saw the backpack you really wanted was on sale. So, I bought it for you. I am very busy this afternoon at work. But your grandmother said she could drop it off at school. She will leave it in the office for you to pick up over your snack break. I hope this works for you.

M: 안녕, Sarah. 아빠야. 오늘 아침 일찍 할머니와 상점에 있다가 네가 정말 가지고 싶어했던 가방이 세일 중인 것을 봤어. 그래서 너를 주려고 그것을 샀단다. 아빠는 오늘 오후에 회사에서 매우 바빠. 하지만 할머니가 그것을 학교에 가져다 줄 수 있다고 하시는구나. 간식 시간에 네가 가방을 찾아갈 수 있도록 할머니가 사무실에 가져다 놓으실 거야. 이렇게 하는 게 너한테 맞기를 바래.

Sarah의 할머니는 다음에 무엇을 할까요?

(A) 일하러 간다
(B) 상점에 간다
(C) 학교에 간다

16.
M: Hello, Mr. Kennedy. This is your son's teacher, Mr. Pearson. I'm calling to ask if your son can join us on our class field trip to the recycling center next week. If he can go, you need to sign the parent permission slip. Last year, two students couldn't go to the field trip because their parents said no. So, this year I'm calling all the parents first.

M: 안녕하세요, Kennedy씨. 아드님의 선생님 Pearson입니다. 다음 주에 재활용 센터로 학급 현장 학습을 가는데 아드님이 가도 되는지 여쭤보려고 전화했습니다. 갈 수 있다면 아버님께서 학부모 동의서에 서명을 해주셔야 합니다. 작년에는 부모님이 안 된다고 하셔서 두 명의 학생이 현장 학습을 못 갔습니다. 그래서 올해는 제가 부모님들께 먼저 전화를 드리고 있습니다.

선생님은 왜 전화를 했습니까?

(A) Kennedy씨의 아들과 얘기하려고
(B) Kennedy씨의 허락을 받으려고
(C) Kennedy씨에게 재활용 센터로 오라고 부탁하려고

17.
W: Hello Troy, this is the chess coach calling from school. I wanted to find time to talk to you privately about joining the chess team this year. I have seen you play chess in class before and was just amazed at how well you did. I will give you the information tomorrow during lunchtime and we can talk about it more after class. You are just so good at playing chess. We would be grateful to have you join our team.

W: 안녕, Troy. 나는 학교 체스 코치야. 올해 체스 팀에 가입하는 것에 대해 너와 따로 얘기할 시간을 내고 싶었어. 전에 교실에서 네가 체스를 하는 것을 본 적이 있는데 네가 얼마나 잘 하는지 그저 놀랐어. 내가 내일 점심시간에 네게 정보를 줄 거고 수업 끝나고 우리가 좀 더 얘기해볼 수 있을 거야. 너는 정말 체스를 아주 잘 해. 네가 우리 팀에 합류해주면 고맙겠어.

코치는 내일 무엇을 할까요?

(A) Troy와 체스를 둔다
(B) Troy와 점심을 먹는다
(C) Troy와 체스에 대해 얘기한다

18. B: Hey, Stephanie. It's your friend John. I wanted to call to say thank you for giving me advice yesterday. Like I told you, my dad travels a lot because of work, so he's gone all the time. It's hard to go weeks without seeing him. I know my younger brother and mother feel the same way, too. I believe your suggestion of writing him letters when I miss him will help me. Thank you for listening to me when I was sad. You're a good friend, Stephanie.

B: 안녕, Stephanie. 너의 친구 John이야. 어제 나에게 조언해준 거 고맙다고 말하려고 전화하고 싶었어. 내가 얘기한 것처럼 우리 아빠는 일 때문에 출장을 많이 가서 언제나 안 계셔. 아빠를 못 보고 몇 주를 지내는 게 힘들어. 내 남동생과 엄마도 똑같이 느끼고 있다는 걸 나는 알아. 아빠가 보고 싶을 때는 편지를 써 보라는 너의 의견이 도움이 될 거라고 믿어. 내가 슬플 때 내 얘기를 들어줘서 고마워. Stephanie, 너는 좋은 친구야.

John은 왜 전화를 했습니까?

(A) Stephanie에게 그녀의 아이디어에 대해 고마움을 전하려고
(B) Stephanie에게 그의 남동생에 대해 얘기하려고
(C) Stephanie에게 그의 아빠가 떠났다는 것을 알려주려고

19. W: Hi Ricky, it's your mom calling. Since it snowed yesterday, Mr. Wood, our neighbor was wondering if you would shovel his sidewalk. He is very old and had a hard time doing it himself. He said he would pay you. I think this would be a good opportunity to earn some money for your trip next month. Call me back and let me know if you want to shovel after school today. He would like it done as soon as possible.

W: 안녕, Ricky. 엄마야. 어제 눈이 와서 우리 이웃 Wood씨가 네가 그 집 인도에 쌓인 눈을 삽으로 치울 수 있는지 궁금해 하셨어. 그는 매우 나이가 많고 그것을 본인이 하는데 힘들어 하셨어. 그는 네게 돈을 지불하겠다고 하셨어. 내 생각에는 다음 달 네 여행을 위해 돈을 좀 벌 수 있는 좋은 기회인 거 같구나. 오늘 방과 후에 눈을 치우고 싶은지 엄마한테 전화해서 알려줘. 그는 가능하면 그것을 빨리 끝내고 싶어 하셔.

Ricky의 엄마는 왜 전화를 했습니까?

(A) Ricky에게 그들의 이웃이 얼마나 나이가 많은지 말해주려고
(B) Ricky에게 다음 달 여행에 대해 물어보려고
(C) Ricky에게 돈을 벌 수 있는 기회를 주려고

20. G: Hi Kyle, this is Maranda calling. There seems to be a problem with the bicycle you lent me. I tried riding it yesterday to the park and the right pedal seemed to get stuck. I actually fell and hurt my knee because it wasn't working right. I'll bring it over to your house tomorrow after school so you can take a look at it. Don't worry about my knee, I'm ok. I don't need to go see a doctor. I just want to make sure your bicycle works so I can keep using it.

G: 안녕 Kyle, 나 Maranda야. 네가 나에게 빌려줬던 자전거에 문제가 있는 거 같아. 어제 자전거 타고 공원에 가려고 했는데 오른쪽 페달이 걸린 것 같았어. 그게 작동을 잘 안 해서 실은 나 넘어져서 무릎을 다쳤어. 내일 방과 후에 네가 자전거를 살펴볼 수 있도록 너의 집으로 가져갈게. 내 무릎은 걱정하지마, 난 괜찮아. 병원에 안 가도 돼. 나는 단지 네 자전거가 작동이 되는지 확인하고 싶어. 그래야 내가 계속 빌려 탈 수 있으니까.

Maranda는 내일 무엇을 할까요?

(A) 자전거를 타고 공원에 간다
(B) Kyle과 자전거를 점검한다
(C) 무릎을 검사하기 위해 병원에 간다

21. G: Hello, Charles. This is Olivia from dance class. I was practicing our dance routine today and realized that the music toward the end of the dance song speeds up quite a bit. I think our dance moves are too slow for that part of the song. Could we perhaps change the ending? It seems pretty easy to change. I don't want to make the dance moves any harder, just a better fit to the music. Call me back and let me know what you think.

G: 안녕, Charles. 댄스 수업에 다니는 Olivia야. 내가 오늘 우리 춤 동작을 연습하고 있었는데 댄스 노래 끝 부분으로 가면서 음악이 꽤 빨라진다는 것을 알게 됐어. 노래 그 부분에서 우리 댄스 동작이 너무 느린 거 같아. 우리 끝부분을 바꿀 수 있을까? 바꾸는 게 꽤 쉬운 거 같거든. 난 춤 동작을 더 이상 어렵게 하고 싶지는 않고, 그냥 음악에 좀 더 잘 맞게 하고 싶을 뿐이야. 네 생각은 어떤지 나한테 전화해 줘.

Olivia는 왜 춤 동작을 바꾸고 싶어합니까?

(A) 음악이 너무 짧아서
(B) 춤 동작이 어려워서
(C) 춤 동작이 너무 느려서

[22-25]

W: Karen admired her older brother, Kyle. He was the star of his high school basketball team. He helped his teachers whenever they needed and continually had good grades. His friends always wanted to hang out with him.

One Saturday afternoon, Karen saw Kyle sitting outside on a bench by himself. Karen thought this was a good chance to ask her brother to spend some time with her. "Hey

Kyle, I was wondering if you'd like to go to the park with me, like we used to do when I was little," asked Karen. "I don't think so, Karen. I'm relaxing right now and later today I'm going to see my friends," replied Kyle. "But you never do anything with me anymore!" shouted Karen. She then went into the house and ran up to her bedroom.

Karen knew she was upset. She tried to calm herself down by breathing in slowly. After some thinking, she took out a pen and paper and started writing a letter to her brother. Karen wanted to apologize and explain to him why she felt so hurt. Maybe if he understood how much she missed him, he would make time for her.

When Karen finished, she folded the letter and put it in an envelope. She carefully slid the envelope underneath Kyle's bedroom door. She hoped that this special letter would start to change things.

W: Karen은 그녀의 오빠 Kyle을 존경했습니다. 그는 그의 고등학교 농구팀의 스타였습니다. 선생님들이 도움이 필요할 때면 그는 언제나 도와드렸고, 줄곧 좋은 성적을 받아왔습니다. 그의 친구들은 항상 그와 시간을 보내고 싶어 했습니다.

어느 토요일 오후, Karen은 밖에 있는 벤치에 혼자 앉아 있는 Kyle을 보았습니다. Karen은 이것이 오빠에게 그녀와 시간을 좀 같이 보내달라고 부탁할 좋은 기회라고 생각했습니다. "안녕 Kyle 오빠, 나랑 같이 공원에 가고 싶은지 궁금해, 내가 어렸을 때 우리가 그랬던 것처럼 말이야," Karen이 물었습니다. "아닌데, Karen. 지금 난 쉬고 있고 이따가 친구들을 보러 갈 거야," Kyle이 대답했습니다. "그런데 오빠는 나랑은 더 이상 아무 것도 하지 않잖아!" Karen이 큰 소리로 말했습니다. 그리고 나서 그녀는 집으로 들어가 그녀의 방으로 뛰어올라갔습니다.

Karen은 자신이 속이 상한 것을 알았습니다. 천천히 숨을 들이쉬면서 진정하려고 했습니다. 얼마간 생각한 끝에, 그녀는 펜과 종이를 꺼내서 오빠에게 편지를 쓰기 시작했습니다. Karen은 사과하고 그녀가 그렇게 상처를 받은 이유를 오빠에게 설명하고 싶었습니다. 그녀가 오빠를 얼마나 그리워했는지 안다면, 그는 그녀를 위해 시간을 내 줄 겁니다.

편지를 다 쓰고 Karen은 그것을 접어서 봉투에 넣었습니다. 그녀는 Kyle의 방문 밑으로 조심스럽게 봉투를 슬며시 넣었습니다. 그녀는 이 특별한 편지로 상황이 변하기 시작하기를 바랐습니다.

22. Kyle은 왜 그렇게 바쁩니까?

(A) 나이가 들어서
(B) 똑똑해서
(C) 인기가 있어서

23. Kyle은 왜 Karen과 함께 공원에 가고 싶어하지 않았습니까?

(A) 쉬고 있었기 때문에
(B) 너무 피곤했기 때문에
(C) 파티에 가고 있었기 때문에

24. Karen은 어떻게 자신을 진정시켰습니까?

(A) 그녀의 방으로 올라갔다
(B) 호흡 연습을 했다
(C) 그림을 색칠했다

25. Karen은 왜 Kyle이 그녀와 시간을 보내기를 원했습니까?

(A) 그를 그리워했기 때문에
(B) 그에게 편지를 썼기 때문에
(C) 공원에서 놀고 싶었기 때문에

[26-29]

M: There once were farmers named Bob and his son, Billy. They were going to build a house on their farm.

One day, as they were picking up sticks to begin building, a wood worker came along. "Hello there, I see you're gathering sticks. What are you making?" asked the wood worker. "We are going to build a house," replied the father. "You're going to need something much stronger than sticks. You should be using wood," said the wood worker. So, Bob and Billy began cutting down trees instead. This was a lot of hard work, and they both grew tired quickly.

Then along came a worker hauling bricks. "What are you building?" asked the brick worker. "We are building a house made of wood," replied the father. "Do you know what's stronger than wood? Bricks!" exclaimed the brick worker. "I have some bricks here that you can buy from me." So, Bob and Billy purchased the bricks and began using that instead. They soon realized though that the bricks were very expensive. And they had no money left to buy more.

Billy finally said, "Father, why don't we just use the sticks we already collected?" "Yes, that's a good idea Billy. We will be just fine with a house made of sticks like we originally thought of," explained the father. They ended up building a nice and cozy home made of sticks and they lived happily ever after.

M: 옛날에 Bob이라는 농부와 그의 아들 Billy라는 농부가 살았습니다. 그들은 농장에 집을 지을 예정이었습니다.

어느 날 그들이 집 짓기를 시작하기 위해서 나뭇가지들을 줍고 있을 때 한 벌목꾼이 나타났습니다. "안녕들 하시오, 당신들이 나뭇가지를 줍고 있는 게 보이는데. 뭘 만드시오?" 벌목꾼이 물었습니다. "우리는 집을 지을 겁니다," 아버지가 대답했습니다. "당신들은 나뭇가지보다 훨씬 더 튼튼한 뭔가가 필요할 게요. 나무를 사용해야지요," 벌목꾼이 말했습니다. 그래서, Bob과 Billy는 대신에 나무를 베기 시작했습니다. 이것은 힘이 드는 일이 많았고, 그들 둘은 빠르게 지쳐갔습니다.

그 때 벽돌을 운반하는 일꾼이 나타났습니다. "무엇을 짓고 있소?" 벽돌공이 물었습니다. "우리는 나무로 된 집을 짓고 있습니다," 아버지가 대답했습니다. "나무보다 튼튼한 게 뭔지 아시오? 벽돌이오!

벽돌공이 소리쳤습니다. "내가 여기 벽돌을 좀 가지고 있으니 나에게서 살 수 있소." 그래서 Bob과 Billy는 벽돌을 사서 그것들을 대신 사용하기 시작했습니다. 그런데 그들은 곧 벽돌이 매우 비싸다는 것을 깨달았습니다. 그리고 더 이상 살 돈도 남아있지 않았습니다.

Billy가 마침내 말하기를 "아버지, 우리 그냥 이미 모아두었던 나뭇가지를 사용하는 것은 어때요?" "그래, 그거 좋은 생각이구나, Billy. 우리가 원래 생각했던 것처럼 나뭇가지로 만든 집도 괜찮을 거다." 아버지가 설명했습니다. 그들은 결국 나뭇가지로 된 멋지고 아늑한 집을 짓게 되었으며 그 후로도 행복하게 살았습니다.

26. 어떤 건축 재료가 가장 튼튼했습니까?

(A) 나뭇가지
(B) 벽돌
(C) 나무

27. 벌목꾼이 찾아온 후에 어떤 일이 벌어졌습니까?

(A) Bob과 Billy는 나무를 베었다.
(B) Bob과 Billy는 가진 돈을 다 썼다.
(C) Bob과 Billy는 벽돌공과 얘기했다.

28. Bob과 Billy는 왜 벽돌을 사용하는 것을 멈췄습니까?

(A) 벌목꾼이 그렇게 하라고 해서
(B) 베어놓은 나무가 있어서
(C) 벽돌은 비용이 너무 많이 들어서

29. Bob과 Billy가 집 짓기에서 배운 것은 무엇입니까?

(A) 현명한 사람의 지시를 들어야 한다
(B) 다른 사람들의 생각을 따르면 안 된다
(C) 가장 튼튼한 재료로 집을 지어야 한다

해설 다른 사람의 의견을 무분별하게 따르기 보다는 자신의 상황에 맞는 자신만의 의견과 계획을 가지라는 교훈이므로 정답은 (B)이다.

[30-32]

W: Some animals are in danger of becoming extinct. That means they will not be alive much longer. These animals are called "endangered" because there are not many of them left on Earth.

There are three categories scientists have divided these animals into.

First, the least threatened animals are called "vulnerable." They include the Lion, Cheetah, Hippo, and Polar Bear. Second, some animals are considered just "endangered." These animals include the Sea Turtle, Giant Panda, and Blue Whale. Lastly, the most threatened animals are called "critically endangered." They include the Red Wolf, the Black Rhino, the Siberian Tiger, and the Mountain Gorilla.

There are only a few Red Wolves left. They used to live in the United States, but now most are in a place like a zoo. This means they are being taken care of by humans and not living in the wild.

There are just a few Black Rhinos left on earth, most of them living in Western Africa. Black Rhinos have big horns that hunters kill them for. That's why these rhinos are considered "critically endangered."

W: 몇몇 동물들은 멸종 위기에 처해 있습니다. 그 말은 그들이 더 오래 살아있지 못할 거라는 의미입니다. 지구상에 얼마 남아 있지 않기 때문에 이러한 동물들을 멸종위기에 처했다고 합니다.

과학자들은 이 동물들을 3가지로 분류했습니다.

첫째로, 가장 적게 위협받는 동물들을 "취약층"이라고 부릅니다. 여기에는 사자, 치타, 하마와 북극곰이 포함됩니다. 둘째로, 어떤 동물들은 그저 "위기층"으로 불립니다. 바다 거북, 자이언트 판다, 대왕고래가 여기에 속합니다. 마지막으로, 가장 위협받는 동물들은 "위급층"으로 불립니다. 붉은 늑대, 검은 코뿔소, 시베리아 호랑이와 마운틴 고릴라가 여기 속합니다.

붉은 늑대는 다만 몇 안 되게 남아있습니다. 그들은 전에는 미국에 살았으나, 지금은 대부분이 동물원과 같은 곳에 있습니다. 이것은 그들이 야생에 살지 않고 인간에 의해 보호받고 있다는 의미입니다.

검은 코뿔소는 지구 상에 아주 조금 남아 있으며, 그들 대부분은 서아프리카에 살고 있습니다. 검은 코뿔소는 큰 뿔을 가지고 있는데 그것 때문에 사냥꾼들이 그들을 죽입니다. 그런 이유로 이 코뿔소들이 위급층으로 불리는 것입니다.

30. 동물들은 왜 "멸종위기에 처한" 것으로 여겨집니까?

(A) 더 이상 볼 수 없어서
(B) 오래 살 거라서
(C) 아주 적은 수만 남아서

31. 어떤 종류의 동물들이 "위급층"의 분류에 들어갑니까?

(A) 가장 빠른 동물들
(B) 가장 사나운 동물들
(C) 가장 위협받는 동물들

32. 검은 코뿔소는 왜 그렇게 적은 수만 남아있습니까?

(A) 사나워서
(B) 너무 커서
(C) 사냥을 당해서

[33-35]

M: Do you know where your vegetables come from? Who plants them? The farmers. Do you know who sells them to you? Usually companies sell them to you, not the farmers. Now I'm wondering if the farmers are paid good enough.

Let's say you are a farmer and you grow watermelons. You sell your watermelons or the products to a company for one dollar each. That company sells your products to people for fifteen dollars each. Do you think you get paid well? No, you don't. It is not fair.

Around the world, many companies practice "fair trade." The trade is between companies and producers. "Fair trade" allows the producers to be paid a fair price for their products and have better working conditions.

Now, how can you be sure you're buying fair trade products? Products have a fair trade sticker on them. To earn the sticker, the company should pay the farmers fairly and provide good working environments.

A good reason to buy fair trade products is because you're helping the farmers or the workers in the community. Companies donate some of the money they make to the community. For example, companies put money toward food for workers, building schools, or free transportation.

Fair trade is great because it contributes to the community. Buying fair trade products gives you the opportunity to help kids go to school or families buy food.

M: 여러분은 여러분이 먹는 채소가 어디에서 오는지 알고 있습니까? 누가 그것들을 심는지요? 농부들입니다. 그것들을 여러분에게 파는 사람은 누구인지 알고 있습니까? 보통은 농부가 아니라 회사가 여러분에게 그것들을 팝니다. 이제 농부들이 충분히 지불 받고 있는지 궁금해집니다.

여러분이 농부고, 수박을 기른다고 해봅시다. 여러분은 여러분이 키운 수박, 또는 상품을 개당 1달러를 받고 회사에 팝니다. 그 회사가 사람들에게 여러분의 상품을 개당 15달러에 팝니다. 여러분은 제대로 지불을 받는다고 생각합니까? 아니죠, 그렇지 않습니다. 그것은 공정하지 않습니다.

전세계적으로 많은 회사들이 "공정 무역"을 실행하고 있습니다. 그 무역은 회사와 생산자 사이에서 일어납니다. "공정 무역"은 생산자가 그들의 상품에 적정 가격을 받고, 더 나은 근무 조건을 갖추도록 해줍니다.

자, 여러분이 공정 무역 상품을 산다는 것을 어떻게 확신할 수 있을까요? 상품들에 공정 무역 스티커가 붙어 있습니다. 스티커를 얻기 위해, 회사는 농부들에게 공정하게 값을 지불해야 하고, 좋은 근무 환경을 제공해야 합니다.

공정 무역 상품을 살 충분한 이유는 여러분이 공동체에 사는 농부들이나 일꾼들을 도와주고 있기 때문입니다. 회사들은 그들이 번 돈의 일부를 공동체에 기부합니다. 예를 들어, 회사들은 일꾼들을 위한 음식, 학교 짓기, 또는 무료 교통편에 돈을 냅니다.

공정 무역은 공동체에 기여하기 때문에 훌륭합니다. 공정 무역 상품을 사는 것은 아이들이 학교에 가거나 가족들이 음식을 살 수 있도록 도와 줄 기회를 여러분에게 줍니다.

33. "공정무역"이란 무엇입니까?

(A) 농부가 그의 채소를 다 팔 때
(B) 생산자가 제대로 값을 받을 때
(C) 회사가 많은 돈을 벌 때

34. 어떻게 공정 무역 상품을 알아볼 수 있습니까?

(A) 그것은 무료다.
(B) 그것은 비싸다.
(C) 그것은 스티커가 붙어 있다.

35. 공정 무역 상품은 어떻게 공동체를 돕습니까?

(A) 학교를 지을 수 있도록 돕는다
(B) 선생님들이 배울 수 있도록 돕는다
(C) 가족들이 돈을 기부할 수 있도록 돕는다

[36-39]

M: Tunnels play a very important role in transportation. Civil engineers are people who work hard to build safe tunnels that cars can travel through. Tunnels are built with strong materials such as steel, iron, and concrete.

Engineers study the ground where they will dig and build the tunnel. Then they learn about the soil, rock type, water patterns and anything else that could be dangerous. After studying all these, the engineers decide on what shape the tunnel should be. A "U" shaped tunnel is common because they are more stable. Some larger tunnels need added supports to make the tunnel more balanced.

Tunnels can be built above ground, underground, or underwater. A great example of an above ground tunnel is found in Norway, where you drive right through a mountain range. The longest underwater tunnel in the world connects Asia to Europe. There is even a tunnel in China that has colored lights and plays music all day long!

As you can see, there are many factors that go into making a tunnel safe and strong to travel through.

M: 터널은 교통에서 매우 중요한 역할을 합니다. 토목 기사는 자동차들이 다닐 수 있는 안전한 터널을 만들기 위해 열심히 일하는 사람입니다. 터널은 강철, 철, 그리고 콘크리트와 같은 튼튼한 재료로 지어집니다.

엔지니어들은 그들이 파서 터널을 짓게 될 땅을 연구합니다. 그리고 나서 토양, 암반 유형, 물길, 그리고 위험요소가 될만한 것은 무엇이든지 알아봅니다. 이 모든 것들을 연구한 후에, 엔지니어들은 터널의 모양을 결정합니다. "U"자형 터널이 보다 안정적이기 때문에 일반적입니다. 몇몇 큰 터널은 균형을 더 잘 잡기 위해서 추가 버팀대를 필요로 합니다.

터널은 지상에, 지하에, 또는 수중에 건설될 수 있습니다. 지상 터널의 좋은 예는 노르웨이에 있는데, 산맥을 뚫고 운전하게 되어 있습니다. 세계에서 가장 긴 수중 터널은 아시아와 유럽을 이어줍니다. 중국에는 색등에, 하루 종일 음악이 나오는 터널도 있습니다.

보시다시피, 다니기에 안전하고 튼튼한 터널을 만드는데 많은 요소들이 작용합니다.

36. 터널은 어떤 재료로 지어집니까?

(A) 흙과 바위
(B) 강철과 철
(C) 물과 플라스틱

37. 엔지니어들은 어떻게 터널의 모양을 결정합니까?

(A) 땅을 연구해서
(B) 날씨를 관찰해서
(C) 바위로 만들어서

38. 큰 터널들은 왜 추가 버팀대가 필요합니까?

(A) 균형을 잘 맞추려고
(B) 길이를 더 길게 하려고
(C) 더 아름답게 보이려고

39. 터널은 어디에 지어질 수 있습니까?

(A) 공중에
(B) 물 속에
(C) 산 꼭대기에

Memo

FINAL TEST for the
TOEFL PRIMARY® Step 2